EXPERIENCING
CHINESE CHARACTERS
Постижение китайских иероглифов

总策划 刘 援

编 者 邓秀均 田 艳

GW00601361

中国国家汉办赠送
Donated by Hanban, China

高等教育出版社
Higher Education Press

图书在版编目(CIP)数据

体验汉字.入门篇/邓秀均,田艳编.—北京:高等教
育出版社,2009.6(2014.11重印)
ISBN 978-7-04-026754-9

Ⅰ.体 … Ⅱ.①邓··· ②田··· Ⅲ.汉字-对外汉语教学-
教材 Ⅳ.H195.4

中国版本图书馆CIP数据核字(2009)第083435号

策划编辑	梁 宇	责任编辑	王 群	封面设计	彩奇风	版式设计	刘 艳	
插图选配	王 群	责任校对	王 群	责任印制	朱学忠			

出版发行	高等教育出版社	咨询电话	400-810-0598
社　　址	北京市西城区德外大街4号	网　　址	http://www.hep.edu.cn
邮政编码	100120		http://www.hep.com.cn
印　　刷	北京天顺鸿彩印有限公司	网上订购	http://www.landraco.com
开　　本	850×1168　1/16		http://www.landraco.com.cn
印　　张	17		
字　　数	434 000	版　　次	2009年6月第1版
购书热线	010-58581118	印　　次	2014年11月第6次印刷

本书如有缺页、倒页、脱页等质量问题,请到所购图书销售部门联系调换　ISBN 978-7-04-026754-9
版权所有 侵权必究　04900
物料号 26754-00

编写理念

本教材遵循体验式学习理念，强调以学习者为中心，注重挖掘学习者的内在动机，注重学习者的自主学习，并为学习者提供充分发挥学习潜力的机会。本教材通过设置专门的板块，鼓励学习者直接接触和体验所学内容，让学生对笔画、汉字及词句进行实际地书写和运用，通过体验生成和习得汉字，在任务和练习中获取经验。

同时，根据体验式学习理念，本教材还体现了汉字学习的循序渐进的学习过程，是由笔画到部件再到整字的习得过程。本教材在练习和内容的设计上强调复现和呼应，使学习过程成为学习者搜索已有的知识，探寻新知识的过程，最大限度地实现学习者的参与和自主探寻，使学习者在学习过程中体验感受汉字和运用汉字的乐趣。

另外，本教材在练习的设计中，根据体验式学习理念突出了学习者的互动性和合作性，并选取真实的语料，使学习者体验真实的语境。

《体验汉字》分为《入门篇》和《提高篇》两册。本教材为《入门篇》，适用于非汉字文化圈的汉语初学者。主要供45—60课时的教学使用。

编写特点

1. 认写分流：本教材采取读、写分进的汉字学习模式，从而分解了学习者汉字学习的困难，帮助其在较短的时间内树立起学好汉字的信心。同时，结合初学者的学习进程，根据汉字笔画和部件的复杂程度，对不同的汉字提出了不同的学习要求，即正确书写笔画数较少、结构较为简单的常用汉字，同时认读笔画数较多或结构较为复杂的常用汉字。

2. 循序渐进：本教材遵循汉字学习规律，从笔画到偏旁，从偏旁到汉字，做到循序渐进，层层深入。将汉字教学与词汇教学结合在一起，突出汉语词汇构成的特点，并将词语放到句子中进行书写和识读，做到笔画不离字、字不离词、词不离句。

3. 注重实用：本教材充分考虑到汉语入门学习者的实际汉字学习需求，参考目前主流汉语入门教材的学习内容，结合汉字的笔画数量、构字能力和使用频率来选择字词。本教材所选字词均在《常用汉语800字表》和《常用汉语1500高频词语表》的收录范围内。同时，为了减轻学习者的记忆负担，对部分偏旁没有采用常用的名称，而是自创了一些简单易记的名称，例如将"党字头"称为"常字头"，创立"在字旁"等。

4. 继承创新：本教材在保留仿写、看拼音写汉字等有效的传统教学方法的同时，勇于创新，将体验式学习理念和任务型教学理念应用于汉字教材编写中，设计了丰富新颖的练习形式，如认读词语（双人练习）、打字练习和街头汉字等，从而克服了以往汉字教材练习形式单

调，课堂教学枯燥的问题，有助于提高学习者的学习兴趣，提高汉字课堂的教学效率，使汉字学习变得轻松起来。

5. 注重复现率：本教材十分重视汉字的复现率，对于部分在前面的课程中要求认读的汉字，随着教学的深入，在后面的课文中会要求学习者掌握书写，从而提高学习者的记忆效率，提升其运用汉字的能力。

学习内容

通过本教材，学习者将掌握汉字的基本笔画和常用偏旁，学写386个常用汉字，认读由这些汉字构成的约800个常用词语，并使学习者了解汉字的基础知识，掌握汉字书写的正确方法。

本教材共有十五课，并附有练习参考答案。每课由"学习目标"、"汉字知识"、"书写模块"、"认读模块"和"综合模块"五个内容模块组成。

1. 学习目标：该模块列出了本课的学习内容，帮助学习者明确所学内容和应达到的学习要求。

2. 汉字知识：该模块介绍了一些实用的汉字基础知识，帮助学习者理解掌握学习内容。

3. 书写模块：该模块包括"学写笔画"/"学写偏旁"、"学写汉字"和"书写练习"三个部分，是本教材的教学重点之一。其中，书写练习部分为学习者提供了即学即练的机会，帮助其掌握汉字的正确书写。

4. 认读模块：该模块通过双人练习、认读练习等形式，认读词语、句子和短文，使学习者掌握汉字的音、形、义，将汉字学习与实际运用有机地结合在一起。

5. 综合模块：该模块包括读写结合的"综合练习"和"课后作业"两个部分。其中，"课后作业"又分为"打字练习"和"街头汉字"两个部分，将汉字学习有效地融入现实生活中，提高学习者实际应用汉字的能力。

编　者
2009年4月

Introduction

Concept

Following the concept of Experiential Learning, the textbook is designed to be learners-centered, namely, exploring the motive of learners, attaching importance to their independent learning and providing them with opportunities to fully develop their potential. Through the modules, the textbook is intended to encourage learners to experience what they learn, practice writing and using strokes, characters, phrases and sentences, and acquire characters in the completion of tasks and exercises.

Meanwhile, according to the concept of Experiential Learning, the textbook also follows the integrated process of gradual and circular learning and the natural acquisition process from strokes to components and to characters. In the exercises and texts, reappearance and echoing are achieved to render learning a process for learners to review acquired knowledge and explore new knowledge, maximize their participation and independence, and bring them the joy of Chinese characters and using them in the whole process.

In addition, interaction and cooperation are highlighted in the exercises according to Experiential Learning. Real materials are chosen to create a real-life linguistic context for learners to acquire Chinese characters.

Experiencing Chinese Characters is presented with one volume each of *Beginning* and *Advanced*. This *Beginning* textbook is designed for beginning learners outside the circle of Chinese culture.

Characteristics

1. **Division of reading and writing.** The adopted learning mode is to separate the requirement of reading and writing, thus easing the difficulty for beginners and building up their confidence. Considering the progress of beginning learners and according to the complexity of strokes and components, different requirements are suggested for different characters in the textbook, namely, writing common characters with a small number of strokes and simple structures and reading those with a large number of strokes and complicated structures at the same time.

2. **Gradual progress**. The rule of gradual learning progress is followed in the book, from strokes to radicals and then to characters with the escalating complexity. Character teaching and word teaching are integrated in the textbook to highlight the characteristics of word formation and words are put into sentences for writing and reading practices so that strokes go with characters, characters with words, and words with sentences.

3. **Practicality**. The actual need of beginning learners of Chinese is taken into account, the current main-stream Chinese textbooks for beginners have been referred to, and characters and words are chosen according to the number of strokes, capacity of word formation, and use frequency. The characters and words chosen in the book are all included in *The List of Common 800 Characters* and *The List of 1500 Frequently Used Chinese Words*. Meanwhile, some easy-to-remember names are created for some

radicals to replace their usual names in order to lessen the burden on the memory of learners, such as *changzitou* (常字头) replacing *dangzitou* (党字头) and *zaizitou* (在字旁) created.

4. **Succession and innovation.** While following some effective traditional teaching methods such as writing after examples and writing characters according to *pinyin*, the book is innovative in the application of the concepts of Experiential Learning and Task-based Learning. Various novel forms of practice, such as pair work, typing practice and "Chinese Characters On the Street", are designed to dispel the monotony of textbook exercises and the boredom of classroom teaching, help enhance learners' interest, eliminate their anxiety, ease the learning process and improve the teaching efficiency in class.

5. **Reocurrence.** As teaching and learning proceed, learners are required to acquire writing of the characters required to read earlier so that improve their memorization efficiency and Chinese proficiency.

Content

Through this textbook, learners will acquire basic strokes and radicals of Chinese characters, learn to write 386 characters, and read 800 words composed of these characters. In the meantime, learners can know the basic knowledge of characters and acquire the proper writing methods.

The textbook contains 15 lessons, attached with answers to exercises. Each lesson includes five modules, namely, Objectives, Knowledge of Chinese Characters, Writing, Identifying and Reading, and Comprehensive Module.

1. **Objectives Module:** in this module, what will be learned is listed in order to help learners to make clear what they will study and what they are required to acquire.

2. **Knowledge of Chinese Characters Module:** in this module, some practical basic knowledge of Chinese characters is introduced to assist learners to understand and acquire what they are going to learn.

3. **Writing Module:** this module includes Learn to Write Strokes/ Learn to Write Radicals, Learn to Write Characters and Writing Practice. It is the key part of this textbook. Among them, Writing Practice provides an opportunity for learners to practice immediately after learning so that they can truly acquire the proper way of character writing.

4. **Identifying and Reading Module:** through word, sentence and passage reading in form of pair work and reading exercises, the module is designed to help the learners to acquire the sounds, shapes and meanings of Chinese characters and integrate character learning and Chinese learning.

5. **Comprehensive Module:** this module includes two parts integrating reading and writing, namely Comprehensive Exercises and After-class Assignments. The latter is composed of Typing Practice and Chinese Characters on the Street, where Chinese learning is effectively integrated into real life to improve the language use.

Authors

April , 2009

От редактора

Идея пособия

Идея данного пособия заключается в изучении посредством постижения. На первое место выходит учащийся и обнаружение им внутренних стимулов к обучению. Большое внимание уделяется самостоятельному обучению, поэтому учащемуся предоставляется возможность в полной мере проявить свой учебный потенциал. Благодаря делению пособия на специальные блоки учащийся может напрямую соприкасаться и постигать изученный материал: писать и использовать на практике черты, иероглифы, слова и фразы, овладевать иероглифами в постижении и получать опыт с помощью выполнения заданий и упражнений.

В то же время в соответствии с идеей изучения посредством постижения учебный процесс по пособию отличается постепенностью и цикличностью, это процесс от изучения черт, до ключей и до целых иероглифов. В упражнениях и учебном материале идет постоянное повторение пройденного – пособие построено так, что обучение становится процессом поиска полученных и новых знаний, что дает учащемуся наилучшим образом проявить активность и самостоятельность, постигнуть радость от познания и применения иероглифов.

Кроме того, упражнения пособия заставляют учащихся взаимодействовать и работать в группах, а использование большого количества живого языкового материала помогает учащемуся изучать иероглифы в настоящей языковой атмосфере.

Учебник «Постижение китайских иероглифов» делится на два тома: «Базовый уровень» и «Высший уровень». Данное пособие – «Базовый уровень» – подходит для иностранных студентов, которые не владеют навыками иероглифической письменности и начинают изучать китайский язык с нуля.

Особенности

1. Деление чтения и написания: модель пособия – четкая граница между чтением и написанием иероглифов, это упрощает изучение иероглифов и помогает за короткое время приобрести уверенность в овладении иероглифами. В пособии на основе темпов изучения иероглифов с нуля и степени сложности черт и ключей, к изучению разных иероглифов предъявляются разные требования, то есть требуется правильно писать иероглифы с малым количеством черт и простой структурой и читать и распознавать иероглифы с большим количеством черт и сложной структурой.

2. Постепенность: в пособии соблюдается порядок изучения иероглифов: от черт до ключей, от ключей до иероглифов – так осуществляется постепенное углубление знаний. Благодаря одновременному изучению иероглифов и новых слов выделены особенности словообразования в китайском языке, а с помощью примеров предложений с изученными словами для написания и

чтения осуществляется взаимосвязь черт и иероглифов, иероглифов и слов, слов и предложений.

3. Употребительность: в пособии учтена частотность употребления иероглифов для тех, кто начинает изучать китайский язык с нуля, приняты к сведению все учебные материалы главных учебников по базовому китайскому языку в настоящее время. Иероглифы и слова подобраны на основе сочетания количества черт, иероглифообразования и частоты применения, все они входят в список «Таблицы 800 часто употребляемых иероглифов китайского языка» и «Таблицы 1500 самых распространенных слов китайского языка». Кроме того, чтобы снизить нагрузку на память учащихся, для части ключей не указаны принятые названия, а придуманы простые для запоминания названия, например, ключ 党字头 назван 常字头, придумано название 在字旁 и т.д.

4. Новизна: в пособии даны не только такие эффективные традиционные формы обучения, как копирование (написание по примеру) и написание иероглифов по транскрипции «пиньинь», но и использован инновационный подход – в соответствии с идеей изучения посредством постижения и идеей обучения по заданиям создано много новых форм упражнений, например, упражнение в паре, набор на компьютере и иероглифы на улице – это помогло преодолеть монотонность упражнений учебников по изучению иероглифов, выходивших ранее, повысить эффективность изучения иероглифов в классе и облегчить овладение иероглифами.

5. Повторение: в пособии очень большое внимание уделяется многократному появлению иероглифов: иероглифы, которые сначала требовалось уметь распознавать и читать, в последующих уроках нужно уметь писать – так повышается эффективность памяти и иероглифический уровень учащегося.

Содержание

С помощью данного пособия учащийся овладевает основными чертами и распространенными ключами китайских иероглифов, учится писать 386 часто употребляемых иероглифов, распознает и читает 800 часто употребляемых слов, составленных из изученных иероглифов. Кроме того, учащийся получает основные иероглифические знания и овладевает правильным способом написания иероглифов.

Пособие состоит из 15 уроков, в конце прилагаются ответы к упражнениям. Каждый урок состоит из 5 блоков: «Цели урока», «Иероглифические знания», «Учимся писать», «Распознавание и чтение» и «Обобщение».

1. Цели урока: в данном блоке по пунктам перечисляется содержание урока, что помогает учащемуся уяснить содержание и требования.

2. Иероглифические знания: в данном блоке рассказывается об основах иероглифики – это помогает учащимся понять и овладеть учебным материалом.

3. Учимся писать: данный блок включает 3 части: «Учимся писать черты» / «Учимся писать ключи», «Учимся писать иероглифы» и «Упражнения на написание. Это главный блок в данном пособии. Упражнения на написание дают учащемуся возможность закрепления полученных знаний и помогают научиться правильно писать иероглифы.

4. Распознавание и чтение: в данном блоке посредством упражнений в парах, упражнений на распознавание и чтение и т.д. учащийся читает слова, предложения и тексты и, таким образом, узнает чтение, форму и значение иероглифов. Так, изучение иероглифов органично соединяется с изучением китайского языка.

5. Обобщение: данный блок делится на две части: «общие упражнения» и «домашнюю работу». «омашняя работа» включает «Набор на компьютере» и «Иероглифы на улице». С помощью данных упражнений изучение иероглифов эффективно вливается в реальную жизнь и повышает способность применения иероглифов на практике.

Составители
Апрель 2009 года

目 录

	笔画或偏旁 Strokes/ Radicals Черты/ключи	汉字知识 Knowledge of Chinese Characters Иероглифические знания	汉 字 Chinese Characters Иероглифы	词 语 Words Слова
第五课 64	女 口 日 目 月	1. 合体字的结构关系（1）——左右结构 2. 左右结构汉字的书写方法	她、姓、妈、好、姐、妹、奶、如、叫、听、吃、吗、呢、吧、咱、哪、唱、喝、知、明、时、昨、晚、眼、睡、朋、肚、胖、服、期	她们、姓名、妈妈、好看、好吃、好听、姐姐、小姐、妹妹、姐妹、奶奶、牛奶、如果、我叫大卫、听力、听见、听说、吃饭、是吗、去吗、你呢、他呢、走吧、酒吧、网吧、咱们、哪国人、哪儿、唱歌、喝水、知道、明天、明年、时间、时候、昨天、昨晚、晚上、晚饭、眼睛、睡觉、朋友、女朋友、男朋友、肚子、肚子疼、很胖、不胖、衣服、星期、日期
第六课 80	讠 亻 扌	1. 汉字的部件 2. 根据造字法记忆汉字（1）——象形造字法 3. 根据造字法记忆汉字（2）——指事造字法	认、识、说、话、词、课、语、谁、记、请、们、你、他、什、休、体、作、住、位、件、信、但、便、做、俄、打、找、报、把、换	认识、知识、识字、说汉语、说话、电话、会话、生词、词典、上课、下课、课本、课文、汉语、语法、他是谁、日记、记住、请进、请客、我们、她们、你们、你好、他们、什么、为什么、休息、午休、身体、工作、作业、住址、住在北京、一位朋友、一件衣服、写信、但是、方便、做什么、做饭、俄罗斯、俄语、打电话、打车、找工作、报纸、中国日报、北京晚报、一把刀子、一把椅子、换钱、换车
第七课 96	氵 冫 彳 饣 纟	1. 根据造字法记忆汉字（3）——会意造字法 2. 根据造字法记忆汉字（4）——形声造字法	汉、没、江、河、汁、汽、油、法、洗、酒、渴、海、清、冰、冷、凉、次、很、行、往、得、街、饭、饿、饱、馆、红、给、经、练	汉语、汉字、没有、长江、江边、黄河、一条河、果汁、汽车、汽油、石油、加油、语法、法国、洗衣服、洗手、洗澡、啤酒、酒吧、喝酒、很渴、不渴、上海、海边、清楚、冰箱、很冷、冷气、凉水、凉快、三次、第一次、很好、很忙、不行、银行、往左拐、往前走、说得很快、觉得、大街、街上、吃饭、米饭、吃饱了、很饿、不饿、饭馆、茶馆、红色、红茶、送给、给朋友打电话、已经、经常、练习

	笔画或偏旁 Strokes/ Radicals Черты/ключи	汉字知识 Knowledge of Chinese Characters Иероглифические знания	汉　字 Chinese Characters Иероглифы	词　语 Words Слова
第十一课 *166*	二 一 六 竹 夂 西 穴	根据结构关系记忆 汉字	京、市、高、写、 安、字、它、完、 定、家、室、宫、 宿、客、容、宜、 寄、空、穿、笔、 笑、答、第、冬、 各、条、务、备、 要、票	北京、南京、城市、超市、市场、 身高、高兴、写汉字、写作业、安 全、平安、汉字、写字、字典、 它是什么、吃完、完成、一定、决 定、家人、大家、教室、办公室、 故宫、白宫、宿舍、住宿、不客 气、客人、容易、内容、便宜、寄 信、寄包裹、空气、空调、穿衣 服、一支笔、毛笔、笔记本、开玩 笑、笑话、回答、第六、第几次、 冬天、各种各样、条件、一条路、 服务、服务员、公务员、准备、需 要、重要、门票、车票、一张票
第十二课 *183*	少 业 当 雨 灬 心 目 巾	区分偏旁，记忆汉 字（1）	老、者、考、学、 觉、常、堂、掌、 雪、需、零、点、 热、照、然、您、 息、怎、忘、想、 意、思、急、感、 愿、看、着、省、 带、帮	老师、老人、作者、或者、考试、 考场、学习、大学、学校、睡觉、 觉得、感觉、经常、不常、食堂、 课堂、教堂、鼓掌、下雪、滑雪、 需要、零下、零钱、几点了、地 点、一点儿、热水、热情、照片、 护照、当然、虽然、然后、您好、 您先请、休息、怎么、怎么样、怎 么办、忘了、难忘、想家、想法、 意思、心意、有意思、没意思、着 急、感觉、感谢、感冒、愿意、志 愿者、看书、好看、看见、坐着、 站着、广东省、四川省、带来、带 钱、帮助、帮忙
第十三课 *200*	厂 广 尸 户 疒 广 才	区分偏旁，记忆汉 字（2）	历、厅、原、床、 麻、店、应、座、 庆、度、席、康、 庭、庙、府、厦、 层、屋、局、居、 房、病、疼、左、 右、有、友、布、 在、存	历史、大厅、餐厅、客厅、原因、 原来、起床、一张床、麻烦、商 店、饭店、酒店、应该、座位、庆 祝、国庆节、温度、多少度、主 席、健康、家庭、寺庙、政府、大 厦、几层、六层、房屋、邮局、公 安局、居住、房子、房间、厨房、 生病、病人、病房、头疼、肚子 疼、左边、往左拐、右边、右手、 没有、有意思、朋友、友谊、公 布、在哪儿、正在、存钱

学习目标

Objectives
Цели урока

1 学习汉字的6个基本笔画。

Learn 6 basic strokes of the Chinese characters.
Изучить 6 основных черт иероглифов.

一 丨 丿 乀 丶 ノ

2 学习汉字的基本笔顺规则。

Learn the basic rules of the stroke order.
Изучить порядок черт иероглифов.

3 学写15个汉字。

Learn to write 15 Chinese characters.
Научиться писать 15 иероглифов.

yī	èr	sān	shí	shàng	qiān	wǔ	shēng	bā	rén
一	二	三	十	上	千	午	生	八	人

gè	tiān	xià	liù	xí
个	天	下	六	习

4 认读29个词语。

Identify and read 29 words.
Распознавать и читать 29 слов.

汉字知识

Knowledge of Chinese Characters
Иероглифические знания

Strokes of Chinese Characters

Chinese characters look rather complicated, but actually they are made up of simple strokes. There are 6 basic strokes and more than 20 compound ones composed by the basic strokes. Now, let's learn the basic strokes.

Черты китайских иероглифов

Китайские иероглифы выглядят очень сложными, но на самом деле, они состоят из групп черт. Черты иероглифов делятся на 6 основных черт и 20 сложных черт, состоящих из основных.

一、学写笔画

Learn to Write Strokes
Учимся писать черты

1. 看一看，写一写。 | Look and write. Посмотрите и напишите.

给教师的提示
请几个同学在黑板上写一写，讲评时强调一下笔画的书写规则。

基本笔画　*Basic Strokes* Основные черты

笔画 Stroke Черта	名称 Name Название	写法 Way of writing	写法 Способ написания	仿写 Follow the way Ваше написание	举例 Example Пример иероглифа
一	héng (横)	Keep it straight from left to right.	Слева направо, строго горизонтально.	一	一
丨	shù (竖)	Keep it straight from top to bottom.	Сверху вниз, строго вертикально.	丨	十
丿	piě (撇)	Keep it slanting from top right to bottom left.	С верхней точки справа до нижней точки слева с определенным наклоном.	丿	千
乀	nà (捺)	Start from top left to bottom right and keep its end roughly horizontal.	С верхней точки слева до нижней точки справа, окончание черты должно доходить до границы клетки.	乀	八
丶	diǎn (点)	Start from top to bottom right and complete abruptly.	Сверху до нижней точки справа, в конце быстро убрать ручку.	丶	六
㇀	tí (提)	Start from bottom left to top right and move rapidly.	С нижней точки слева до верхней точки справа, в конце быстро убрать ручку.	㇀	习

2. 请把左边的笔画名称与右边的笔画连起来。

Match the names on the left with the strokes on the right.

Соедините название черты слева с чертой справа.

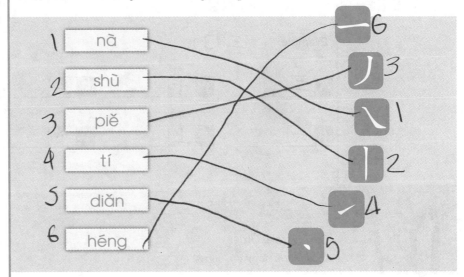

3. 与同伴交换课本，看看对方做得对不对。

Exchange your textbook with your partner and see whether he or she matched properly.

Обменяйтесь учебниками с одноклассником и посмотрите, правильно ли у вас выполнено упражнение.

4. 徒手练习。老师说出笔画名称，同学用手指在空中写出相应的笔画。

Write in the air. The teacher says the stroke name and the students write it with their fingers in the air.

Тренировка без ручки. Преподаватель говорит название черты, а студенты пишут ее в воздухе.

5. 数一数下面每个汉字有几个笔画。

Find out how many strokes there are in each of the following Chinese characters.

Посчитайте количество черт в каждом иероглифе.

Example	太（4）

A 三 3　　B 十 2　　C 人 2　　D 八 2

E 天 4　　F 下 3　　G 午 4

6. 数一数下面的每个汉字里有几个横笔画。

Find out how many horizontal strokes there are in each of the following Chinese characters.

Посчитайте количество горизонтальных черт в каждом иероглифе.

Example　三（3）

A 二 2　　B 千 1　　C 生 3

D 六 1　　E 上 2　　F 个 0

二、基本笔顺

Basic Stroke Order

Основной порядок черт

Order of the Chinese Strokes

A Chinese character is made up of various strokes arranged in strict order rather than randomly. The writing direction and order of strokes are called stroke order. Mastery of the proper stroke order contributes to the rapid and beautiful writing. In addition, it is also important in consulting the dictionary and typing into the computer.

Порядок черт китайских иероглифов

Китайские иероглифы состоят из разных черт, которые пишутся не в произвольном, а в определенном порядке. Направление и порядок написания черт называется порядком черт. Если овладеть правильным порядком черт, то иероглифы будут записываться быстро и красиво. Кроме того, порядок черт очень важен при пользовании словарем и вводе иероглифов на компьютере.

1. 看一看，写一写。

Look and write. Посмотрите и напишите:

汉字的基本笔顺规则 **Basic Rules of Stroke Order** *Правила основного порядка черт китайских иероглифов*

笔 顺 **Stroke order** Порядок черт	举 例 **Example** Пример	仿 写 **Follow the way** Ваше написание
1. Horizontal before vertical. Сначала горизонтальная, затем – вертикальная.	十: 一 十	一 十
2. Left-falling before right-falling. Сначала откидная влево, затем – откидная вправо.	人: ノ 人	ノ 人

3. Top before bottom. Сверху вниз.	三： 一 二 三	一 二 三
4. Left before right. Слева направо.	儿： 丿 儿	丿 儿
5. External before internal. Снаружи внутрь.	月： 丿 几 月	丿 几 月
6. External before internal followed by sealing. Снаружи внутрь, нижняя горизонтальная замыкает.	国： 丨 冂 国 国	丨 冂 国 国
7. Middle before sides. Сначала черта посередине, затем черты по обе стороны.	小： 亅 小 小	亅 小 小

2. 按照正确的笔顺写出下列汉字的第一个笔画。

Write the first strokes of the following Chinese characters according to the proper stroke order.

Напишите первую черту иероглифа в соответствии с правильным порядком черт.

Example　人　（丿）

A 十 一 _____　B 小 亅 _____　C 月 丿 _____

D 国 丨 _____　E 儿 丿 _____

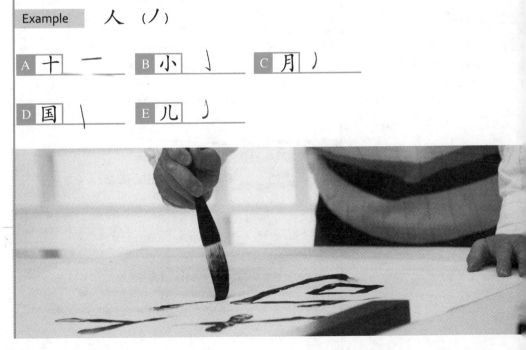

三、学写汉字

Learn to Write Chinese Characters
Учимся писать иероглифы

请按照正确的笔顺在田字格中写出下列汉字。

Write the Chinese characters in the writing grid according to the proper stroke order.

Впишите иероглифы в клеточки в соответствии с правильным порядком черт.

---

① 一 yī

one

один

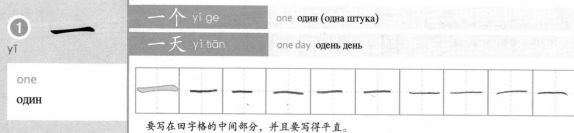

一个 yí ge	one один (одна штука)
一天 yì tiān	one day одень день

要写在田字格的中间部分，并且要写得平直。

Make it straight in the middle of the grid.

Писать нужно строго горизонтально по центру клетки.

---

② 二 èr

two

два

二十 èrshí	twenty двадцать
十二 shí'èr	twelve двенадцать

两个横不要写得一样长，下边的比上边的长一点儿。

Make the upper stroke a little shorter than the lower one.

Горизонтальные не должны быть одинаковой длины, нижняя черта должна быть длиннее верхней.

---

③ 三 sān

three

три

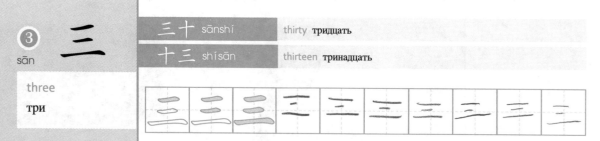

三十 sānshí	thirty тридцать
十三 shísān	thirteen тринадцать

中间的一横要写得最短，下面的一横要写得最长。

Make the middle stroke the shortest and the lower one the longest.

Средняя черта должна быть самой короткой, нижняя черта – самой длинной.

④
十
shí
ten
десять

| 十一 shíyī | eleven одиннадцать |
| 三十二 sānshí'èr | thirty-two тридцать два |

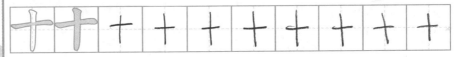

横和竖相交在中间点，不要偏于一边。
Make the crossing of the horizontal and vertical strokes at the center.
Горизонтальная и вертикальная пересекаются посередине, не нужно отходить от центра.

⑤
上
shàng
up; start
верх

| 上午 shàngwǔ | morning до обеда |
| 上课 shàng kè | have a class ходить на занятия, уроки |

应先写一竖，再写上面的短横，最后写下面一长横。
Start with a vertical stroke, followed by a short horizontal one and then a long horizontal one.
Сначала пишется вертикальная, затем – короткая горизонтальная и нижняя длинная горизонтальная.

⑥
千
qiān
thousand
тысяча

| 一千 yìqiān | one thousand одна тысяча |
| 三千 sānqiān | three thousand три тысячи |

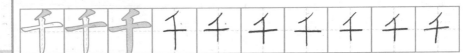

第一笔是撇，后两笔是十。
Start with a left-falling stroke, followed by 十.
Сначала пишется откидная влево, а затем – последние две черты, как в иероглифе 十.

⑦
午
wǔ
noon
полдень

| 上午 shàngwǔ | morning до обеда |
| 下午 xiàwǔ | afternoon после обеда |

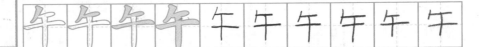

先写一撇，第二笔是横，这个横要在这一撇的中间起笔。
Start with a left-falling stroke, followed by a short horizontal one, which starts at the middle of the left-falling one.
Сначала пишется откидная влево, а затем – горизонтальная от середины откидной.

⑧ **生** shēng

grow; student

рожать; расти; учащийся

| 学生 xuésheng | student учащийся, студент |
| 一个学生 yí ge xuésheng | a student один студент |

生 生 生 生 生 生 生 生 生

三个横不一样长，中间的稍短。

The three horizontal strokes differ in length, with the middle one the shortest.

Три горизонтальные неодинаковой длины: черта посередине немного короче.

⑨ **八** bā

eight

восемь

| 十八 shíbā | eighteen восемнадцать |
| 八十 bāshí | eighty восемьдесят |

注意两个笔画不要离得太近或连在一起。

Keep the two strokes seperate.

Обратите внимание на то, что черты не должны быть расположены слишком близко и не должны соединяться.

⑩ **人** rén

person, people

человек

| 一个人 yí ge rén | one person один человек |
| 中国人 Zhōngguórén | Chinese people китаец |

撇和捺相接，捺起笔的地方在撇上约三分之一处。

The left-falling and right-falling strokes join, with the latter starting approximately at one third of the first one.

Откидные влево и вправо соединяются, откидная влево пишется от примерно одной третьей части сверху от откидной влево.

⑪ **个** gè

(a measure word)

штука, счетное слово для разных предметов и людей

| 八个学生 bā ge xuésheng | eight students восемь студентов |
| 三个中国人 sān ge Zhōngguórén | three Chinese people три китайца |

撇和捺要连在一起，不能分开。

Join the left-falling and right-falling strokes with no separation.

Откидные влево и вправо соединяются вместе.

⑫ 天 tiān

day
день

| 今天 jīntiān | today сегодня |
| 明天 míngtiān | tomorrow завтра |

天天天天　天　天　天　天　天　天

撇的顶端与第一个横相接，不是相交。
The top of the left-falling stroke and the upper horizontal stroke join, but do not cross each other.
Верхний конец откидной влево соединяется с первой горизонтальной, но не пересекается.

⑬ 下 xià

down; finish
низ

| 下午 xiàwǔ | afternoon после обеда |
| 下课 xià kè | the class is over заканчивать занятия, уроки |

下下下　下　下　下　下　下　下

第二笔竖的起笔要写在横的中间，最后一笔是点。
The vertical stroke, the second one, starts at the middle of the horizontal stroke and the point stroke is the last one.
Вертикальная должна быть расположена посередине горизонтальной, последняя черта – точка.

⑭ 六 liù

six
шесть

| 六十 liùshí | sixty шестьдесят |
| 六千 liùqiān | six thousand шесть тысяч |

六六六六　六　六　六　六　六

第三笔是撇，不是提。
The third stroke is a left-falling rather than a lift.
Третья черта – откидная влево, а не длинная точка.

⑮ 习 xí

review
учиться

| 学习 xuéxí | study учиться |

最后一笔是提，不要写成撇。
The last stroke is a lift rather than a left-falling.
Последняя черта – длинная точка, не надо ее писать, как откидную влево.

四、书写练习

Writing Practice

Упражнения на написание иероглифов

1. 请按照笔画数，将笔画数相同的汉字写在相应的线上。

Write the Chinese characters with the same number of strokes on the appropriate line.

Запишите иероглифы по количеству черт в соответствующей строке.

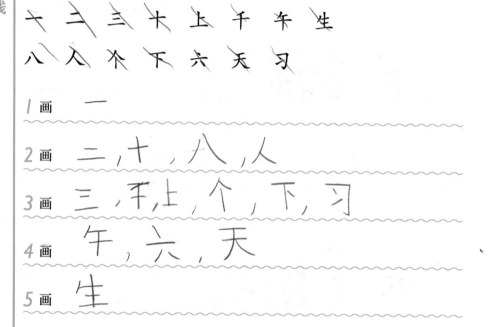

十　二　三　大　上　千　午　生

八　人　个　下　六　天　习

1 画 ___一___

2 画 ___二, 十, 八, 人___

3 画 ___三, 千, 上, 个, 下, 习___

4 画 ___午, 六, 天___

5 画 ___生___

2. 看拼音写词语。

Write the words according to *pinyin*.

Запишите слова в иероглифах по транскрипции «пиньинь».

A. liùshí　 ___六十___ (sixty, шестьдесят)

B. shísān　 ___十三___ (thirteen, тринадцать)

C. èrshíyī　 ___二十一___ (twenty-one, двадцать один)

D. bāqiān　 ___八千___ (eight thousand, восемь тысяч)

E. liù tiān　 ___六天___ (six days, шесть дней)

F. sān ge rén　 ___三个人___ (three persons, три человека)

G. shàngwǔ　 ___上午___ (morning, до обеда)

H. xiàwǔ　 ___下午___ (afternoon, после обеда)

五、认读练习

Identifying and Reading Practice

Упражнения на распознавание и чтение иероглифов

1. 认读词语：两人一组，一个人（A）读序号为单数号1、3、5、7……15的词语，另一个人（B）读双数号2、4、6、8……14的词语。

Identify and read words: working in pairs, one (A) reads odd-numbered words and the other (B) reads even-numbered words.

Распознавание и чтение слов. Упражнение в паре: объединитесь в группы по два человека, один человек (А) читает слова под нечетными номерами 1, 3, 5, 7 и так до 15, а другой человек (В) – под четными номерами 2, 4, 6, 8 и так до 14.

给学生的提示：

如果你的同伴念错了，或者忘了，你可以轻轻地提醒他（她）。如果你们都忘了字词的读音和意思，请看看"三、学写汉字"的内容。

Note to the students: if your partner misreads or forgets the word, you can remind him or her in a low voice. If both of you forget the pronunciation and meaning, refer to "III. Learn to Write Chinese Characters".

Студенту: если одноклассник прочитал неверно или забыл, как читается, вы можете потихоньку подсказать ему. Если же вы оба забыли чтение и значение, то можно заглянуть в часть «3. Учимся писать иероглифы».

① 一：一个　一天

② 二：二十　十二

③ 三：三十　十三

④ 十：十一　三十二

⑤ 上：上午　上课

⑥ 千：一千　三千

⑦ 午：上午　下午

⑧ 生：学生　一个学生

⑨ 八：十八　八十

⑩ 人：一个人　中国人

⑪ 个：八个学生　三个中国人

⑫ 天：今天　明天

⑬ 下：下午　下课

⑭ 六：六十　六千

⑮ 习：学习

2. 画线连接。请
把左边的词语
与右边对应的
拼音连起来。

Match the words on the left with the appropriate *pinyin* on the right.

Соедините слова слева с соответствующей транскрипцией «пиньинь» справа.

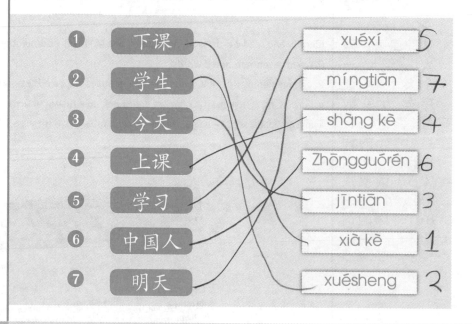

六、综合练习

Comprehensive Exercises

Общие упражнения

1. 请按照笔画的
名称写出相应
的笔画。

Write the appropriate strokes according to the names.

Напишите черту по ее названию.

1 shū _____

2 piě _____

3 diǎn _____

4 héng _____

5 nà _____

6 tí _____

2. 请按照正确笔
顺写出下列汉
字的第二笔。

Write the second strokes of the following Chinese characters according to the proper stroke order.

Напишите вторую черту иероглифа в соответствии с порядком черт.

Example   文: _一_   工: _丨_

① 生：／　　② 个：＼　　③ 千：一

④ 天：一　　⑤ 午：／　　⑥ 上：｜

⑦ 下：一　　⑧ 习：乛　　⑨ 六：＼　　⑩ 人：ノ

3. 看拼音填词语。把下列词语填写在对应的拼音后边。

Write the words on the lines according to *pinyin*.

Заполните скобки словами по транскрипции «пиньинь».

上午　下午　六十　八个　一千　三个人

① sān ge rén　　三 个 人

② bā ge　　八 个

③ xiāwǔ　　下 午

④ liùshí　　六 十

⑤ shàngwǔ　　上 午

⑥ yìqiān　　一 千

七、课后作业

After-class Assignments
Домашняя работа

Typing Method of Chinese Characters

There are many typing methods of Chinese characters. To foreign students, the easiest one is the method of "*quanpin*" (full-*pinyin* typing). Once a student masters the basic *pinyin* knowledge, he or she can start typing without extra learning.

The method is as follows:

1. Choose the "*quanpin*" method from the character typing methods at the bottom of the screen.
2. Type *pinyin* of the character, for example 为—wei.
3. Choose "1" among the given characters and "为" is typed out.

Способ ввода иероглифов на компьютере

Существует очень много способов ввода иероглифов на компьютере. Самым легким способом для иностранных студентов является «Ввод транскрипции пиньинь». Он требует лишь владения основами транскрипции «пиньинь», поэтому тратить время на его специальное изучение не нужно.

Конкретные шаги:

1. Выберите из способов ввода иероглифов на языковой панели инструментов компьютера «Ввод транскрипции пиньинь».
2. Наберите транскрипцию иероглифа, например, для иероглифа 为 – «wei».
3. Выберите из предложенных иероглифов номер «1», и появится иероглиф 为.

典 全拼 ♪｀｀▦｜wei　　│1:为 2:位 3:未 4:围 5:喂 6:胃 7:微│◄◄►►

1. 打字练习。请在电脑上打出下列词语。

Practice typing. Type the following words on your computer.

Упражнение на ввод иероглифов. Наберите на компьютере следующие слова.

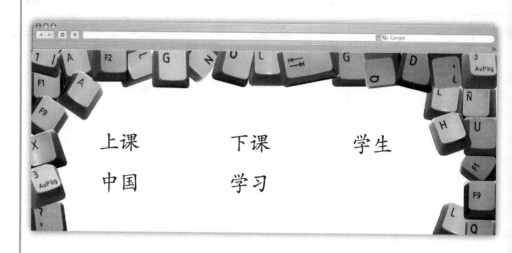

上课　　　下课　　　学生

中国　　　学习

2. 街头汉字。读一读，记一记。

Chinese characters on the street. Read and remember.

Иероглифы на улице. Прочитайте и запомните.

营业时间 (yíngyè shíjiān)

Business Hours　Часы работы

学习目标

Objectives
Цели урока

1 复习6个基本笔画。

Review the 6 basic strokes.
Повторить 6 основных черт иероглифов.

2 巩固7种基本笔顺。

Enhance the mastery of the 7 basic stroke orders.
Закрепить 7 видов основного порядка черт.

3 学写25个汉字。

Learn to write 25 characters.
Научиться писать 25 иероглифов.

gōng	gān	tǔ	wǎng	niú	chǎng	guǎng	dǎ	tài	kāi	guān	mù	běn
工	干	土	王	牛	厂	广	大	太	开	关	木	本

bù	wén	shǎo	lái	zǒu	yè	huǒ	jīn	nián	tóu	kǎ	gòng
不	文	少	来	走	业	火	斤	年	头	卡	共

Identify and read 37 words.
Распознавать и читать 37 слов

4 认读37个词语。

汉字知识

Knowledge of Chinese Characters
Иероглифические знания

1. Single-Component Characters and Their Structure

Chinese characters are classified into single-component and compound characters according to the number of radicals they contain.

A single-component character consists of only one complete and independent part which is made up of

1. Простые иероглифы и их структура

Иероглифы делятся на простые и сложные в зависимости от того, могут ли они быть разделены на две и более части.

Простые иероглифы представляют собой одну целую часть и состоят из черт, например, 天 «день», 日 «день,

strokes, such as 天 and 日。Despite their small proportion in the Chinese characters, single-component characters are used rather frequently. Some are used as a part of a compound character. Learning them is the basis for learning compound characters. Therefore, they play an important role in the Chinese characters.

The structure of single-component characters is as follows:

2. Writing Ways of Single-component Characters

In the following are a few ways of writing of single-component characters:
1. Keep yourself upright, otherwise the characters you write will not be in a neat pattern;
2. In the beginning, you'd better practice one stroke after another in the Chinese writing grid.
3. Pay attention to the direction of strokes in writing.
4. Chinese characters are square words. Horizontal and vertical strokes are most frequently used and no round strokes are used. It is the basic requirement to keep the strokes horizontal or vertical, which is different from writing letters.
5. The stroke order is also important. No random writing is allowed because it will affect memorizing characters and cause mistakes.

дата». Хота они занимают небольшую часть китайских иероглифов, частотность их употребления очень высокая. Некоторые простые иероглифы могут выступать в качестве компонентов составных иероглифов. Владение простыми иероглифами – основа изучения составных иероглифов, поэтому простые иероглифы очень важны.

Структура простого иероглифа выглядит следующим образом:

2. Метод написания простых иероглифов

Ниже следует несколько методов написания простых иероглифов:
1. Поза при написании иероглифов должна быть правильной, не надо делать наклон, иначе иероглифы будут написаны нечетко.
2. Поначалу лучше писать иероглифы в клеточках, писать черту за чертой, не надо гнаться за результатами.
3. Во время написания нужно следить за направлением черт.
4. Китайские иероглифы квадратные по форме. Самые употребительные черты – горизонтальная и вертикальная, круглых черт не существует. Главное требование к написанию – это ровные горизонтальные и прямые вертикальные линии, что очень отличается от требований к написанию букв.
5. Порядок черт тоже очень важен, не нужно писать произвольно, иначе это не только отразится на запоминании иероглифов, но и может привести к неверному написанию.

一、学写汉字

Learn to Write Chinese Characters
Учимся писать иероглифы

请按照正确的笔顺在田字格中写出下列汉字。

Write the Chinese characters in the writing grid according to the proper stroke order.

Напишите иероглифы в клеточках в соответствии с правильным порядком черт.

---

① 工
gōng

work
работа

| 工人 gōngrén | worker рабочий |
| 工作 gōngzuò | work работа |

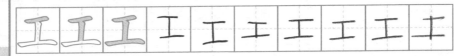

上面的横稍短于下面的横。
The upper horizontal stroke is shorter than the lower one.
Верхняя горизонтальная немного короче нижней.

---

② 干
gàn

do
делать

| 干什么 gàn shénme | what to do что делать |

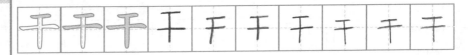

注意正确的笔顺是先写两横，再写最后的一竖。
Pay attention to the stroke order. Start with the two horizontal strokes, followed by the vertical one.
При написании данного иероглифа сначала пишут две горизонтальные, а потом – вертикальную.

---

③ 土
tǔ

soil
земля

| 土豆 tǔdòu | potato картофель |

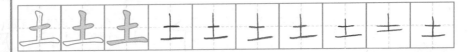

第二个横稍长于第一个横。
The second horizontal stroke is longer than the first one.
Вторая горизонтальная немного длиннее первой.

17

④ 王 wáng
Wang; king
фамилия Ван; ван

王老师 Wáng lǎoshī　Mr./Ms. Wang　учитель Ван
我姓王 wǒ xìng Wáng　my last name is Wang　моя фамилия – Ван

中间的一横要写得最短。
The middle horizontal stroke is the shortest.
Горизонтальная посередине самая короткая.

⑤ 牛 niú
cow
корова

牛奶 niúnǎi　milk　коровье молоко
牛肉 niúròu　beef　говядина

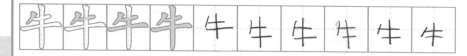

笔顺跟"午"一样，只是最后一竖要出头。
The stroke order is the same as that of 午, but the last vertical stroke crosses the upper horizontal one.
Порядок черт такой же, как и у иероглифа 午, отличие лишь в том, что последняя вертикальная выходит за пределы верхней горизонтальной.

⑥ 厂 chǎng
factory
завод

工厂 gōngchǎng　factory　завод

撇的顶端与横的左端相接。
The top of the left-falling stroke join the left end of the horizontal one.
Верхний конец откидной влево соединяется с левым концом горизонтальной.

⑦ 广 guǎng
vast
широкий

广告 guǎnggào　advertisement　реклама

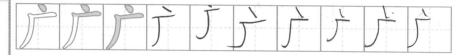

先写一个点儿，再写一个"厂"。
Start with a point stroke, followed by 厂.
Сначала пишется точка, а затем – иероглиф 厂.

⑧ 大

dà

big

большой

大学 dàxué | university университет

大 大 大 大 大 大 大 大 大 大

先写一个横，再写一个"人"。
Start with a horizontal stroke, followed by 人.
Сначала пишется горизонтальная, а затем – иероглиф 人.

⑨ 太

tài

too

слишком

太好了 tài hǎo le | too good замечательно (досл.: слишком хорошо)

太 太 太 太 太 太 太 太 太 太

在"大"的基础上写一个"、"，点不要写得太高和太低。
Add a point stroke on 大 and keep it not too high or too low.
Сначала пишется иероглиф 大, а затем добавляется точка; не надо писать точку слишком высоко или слишком низко.

⑩ 开

kāi

open

открывать

开门 kāi mén | open a door открывать дверь
开始 kāishǐ | start начинать

开 开 开 开 开 开 开 开 开 开

第三笔是竖撇，不要写成竖。
The third stroke is a left-falling-vertical stroke. Do not make it completely vertical.
Третья черта – вертикальная откидная влево, а не вертикальная.

⑪ 关

guān

close

закрывать

关门 guān mén | close a door закрывать дверь

关 关 关 关 关 关 关 关 关 关

上面是一点和一个短撇，下面是一个"天"字。
At the above are a point stroke and a short left-falling stroke. Under them is 天.
Сверху точка и короткая откидная влево, снизу – иероглиф 天.

19

⑫ 木 mù
wood
дерево

木门 mù mén — wooden door деревянная дверь

先写一个"十"，再写撇和捺。

Start with 十, followed by a left-falling stroke and a right-falling one.

Сначала пишется иероглиф 十, а затем – откидная влево и откидная вправо.

⑬ 本 běn
(a measure word used for books)
счетное слово для книг, журналов и т.д.

本子 běnzi — notebook тетрадь

一本书 yì běn shū — a book одна книга

在"木"的基础上，加一个短横。

Add a short vertical stroke on 木

Сначала пишется иероглиф 木, а затем добавляется короткая горизонтальная.

⑭ 不 bù
no
нет

不是 bù shì — not be нет

不好 bù hǎo — not good нехороший, нехорошо

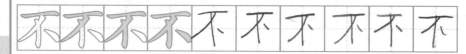

最后一笔是个长点，不是捺。

The last stroke is not a right-falling stroke but a long point one.

Последняя черта – удлиненная точка, а не – откидная вправо.

⑮ 文 wén
writing, language
письмена, письменный язык

中文 Zhōngwén — Chinese китайский язык

英文 Yīngwén — English английский язык

由四笔组成，不要把第二笔和第三笔连在一起，要分成两笔写。

It consists of four strokes and the second and the third strokes are independent of each other.

Данный иероглиф состоит из 4 черт, не надо соединять вместе вторую и третью черты.

⑯ 少

shǎo

few, little

мало

| 多少 duōshao | how many, how much сколько |
| 很少 hěn shǎo | little, few очень мало |

第三笔是个点，最后一笔是个长撇。

The third stroke is a point one and the last stroke is a long left-falling stroke.

Третья черта – точка, последняя черта – длинная откидная влево.

⑰ 来

lái

come

приходить,
приезжать

| 来中国 lái Zhōngguó | come to China приехать в Китай |
| 来北京 lái Běijīng | come to Beijing приехать в Пекин |

第二笔是个点，第三笔是个短撇。这个字要写得端正对称。

The second stroke is a point stroke and the third is a short left-falling one. The character should be made upright and symmetrical.

Вторая черта – точка, третья – короткая откидная влево. Этот иероглиф должен быть написан аккуратно и симметрично.

⑱ 走

zǒu

walk

ходить

| 走路 zǒu lù | walk on the road ходить пешком |

先写个"土"字，再写下面的竖、横、撇和捺。

Start with 土, followed by a vertical stroke, a horizontal one, a left-falling one and a right-falling one.

Сначала пишется иероглиф 土, затем пишутся вертикальная, горизонтальная, откидная влево и откидная вправо.

⑲ 业

yè

enterprise; course

дело

| 作业 zuòyè | assignment домашняя работа |

左边的竖稍短。左边的是个长点，并且和右边的短撇要写得对称。

The vertical stroke on the left is shorter. The point stroke on the left is a long one and symmetrical to the short left-falling stroke on the right.

Левая вертикальная немного короче, слева – удлиненная точка, которая должна быть пропорциональна с правой короткой откидной влево.

20 huǒ

火

fire

огонь

火车 huǒchē | train поезд

第二笔是短撇，最后写中间的一个"人"。

The second stroke is a short left-falling one and 人 in the middle are the last two strokes.

Вторая черта – короткая откидная влево, в конце посередине пишется иероглиф 人.

21 jīn

斤

a measure word indicating 500 g

цзинь, полкилог-рамма

一斤 yì jīn | 500 g 500г
八斤 bā jīn | 4kg 4кг

第一个撇写得平一点，第二笔的撇要写得垂直一点。

The first left-falling stroke is quite even and the second left-falling one is more vertical.

Первая откидная влево пишется более ровно, вторая пишется более вертикально.

22 nián

年

year

год

今年 jīnnián | this year этот год
明年 míngnián | next year следующий год

第三笔是一个横，第四笔是竖，最后再写一个"十"。

The third stroke is a horizontal one, the fourth is a vertical one and the last is 十.

Третья черта – горизонтальная, четвертая – вертикальная, в конце – иероглиф 十.

23 tóu

头

head

голова

头发 tóufa | hair волосы

最后一笔也是个点，不要写成捺。

The last stroke is not a right-falling one but a point one.

Последняя черта – точка, а не откидная влево.

㉔ 卡

kǎ

card

карта

电话卡 diànhuà kǎ | telephone card телефонная карта

一张卡 yì zhāng kǎ | a card одна карта

先写一个"上"，再写竖和点。

Start with 上, followed by a vertical stroke and a point one.

Сначала пишется иероглиф上, а затем – вертикальная и точка.

㉕ 共

gòng

total

общий

一共 yígòng | in total всего

下边的横稍长于上边的横。

The upper horizontal stroke is shorter than the lower one.

Нижняя горизонтальная длиннее верхней.

二、书写练习

Writing Practice

Упражнения на написание иероглифов

1. 请 按 照 笔 画 数，将 笔 画 数 相 同 的 汉 字 写 在 相 应 的 线 上。

Write down the Chinese characters with the same number of strokes on the appropriate lines.

Запишите иероглифы по количеству черт в соответствующей строке.

开 工 干 王 牛 厂 广 关 大 土 木 本 不
文 少 来 走 业 火 斤 年 头 卡 共 太

2 画 厂

3 画 工，干，广，大，土

4 画 开，王，牛，木，不，文，少，火，斤，太

5 画 本，业，头，卡

6画　关，年，共

7画　来，走

2. 看拼音写词语。

Write the words according to *pinyin*.
Запишите слова в иероглифах по транскрипции «пиньинь».

A. yígòng　　一共　　(in total，всего)

B. bā jīn　　八斤　　(eight *jin*，4 кг)

C. gōngrén　　工人　　(worker，рабочий)

D. gōngchǎng　　工厂　　(factory，завод)

三、认读练习

Identifying and Reading Practice
Упражнения на распознавание и чтение иероглифов

1. 认读词语：两人一组，一个人（A）读序号为单数号1、3、5、7、……25的词语，另一个人（B）读双数号2、4、6、8……24的词语。

Identify and read words: working in pairs, one (A) reads odd-numbered words and the other (B) reads even-numbered words.

Распознавание и чтение слов. Упражнение в паре: объединитесь в группы по два человека, один человек (A) читает слова под нечетными номерами 1, 3, 5, 7 и так до 25, а другой человек (B) – под четными номерами 2, 4, 6, 8 и так до 24.

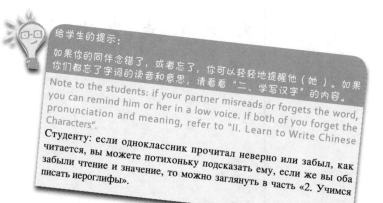

给学生的提示：

如果你的同伴念错了，或者忘了，你可以轻轻地提醒他（她）。如果你们都忘了字词的读音和意思，请看看"二、学写汉字"的内容。

Note to the students: if your partner misreads or forgets the word, you can remind him or her in a low voice. If both of you forget the pronunciation and meaning, refer to "II. Learn to Write Chinese Characters".

Студенту: если одноклассник прочитал неверно или забыл, как читается, вы можете потихоньку подсказать ему, если же вы оба забыли чтение и значение, то можно заглянуть в часть «2. Учимся писать иероглифы».

❶ 工：工人　工作
❷ 干：干什么
❸ 土：土豆
❹ 王：王老师　我姓王
❺ 牛：牛奶　牛肉
❻ 厂：工厂
❼ 广：广告
❽ 大：大学
❾ 太：太好了
❿ 开：开门　开始
⓫ 关：关门
⓬ 木：木门
⓭ 本：本子　一本书
⓮ 不：不是　不好
⓯ 文：中文　英文
⓰ 少：多少　很少
⓱ 来：来中国　来北京
⓲ 走：走路
⓳ 业：作业
⓴ 火：火车
㉑ 斤：一斤　八斤
㉒ 年：今年　明年
㉓ 头：头发
㉔ 卡：电话卡　一张卡
㉕ 共：一共

2. 画线连接。请把左边的词语与右边对应的拼音连起来。

Match the words on the left with the appropriate *pinyin* on the right.

Соедините слова слева с соответствующей транскрипцией «пиньинь» справа.

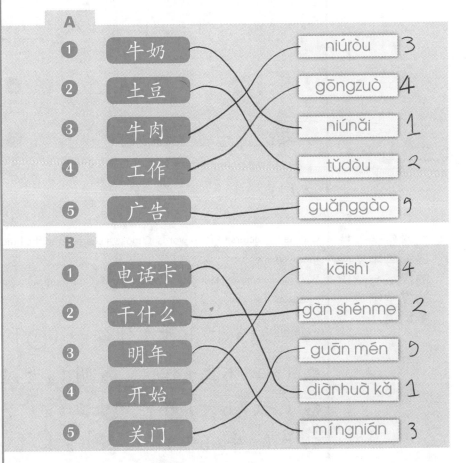

A

① 牛奶
② 土豆
③ 牛肉
④ 工作
⑤ 广告

niúròu 3
gōngzuò 4
niúnǎi 1
tǔdòu 2
guǎnggào 5

B

① 电话卡
② 干什么
③ 明年
④ 开始
⑤ 关门

kāishǐ 4
gàn shénme 2
guān mén 5
diànhuà kǎ 1
míngnián 3

25

四、综合练习
Comprehensive Exercises
Общие упражнения

1. 请用拼音写出下列笔画的名称。

Write the names of the following strokes in *pinyin*.

Напишите название черт в транскрипции «пиньинь».

① 一 heng ② ／ ti

③ 、 dian ④ 丨 shu

⑤ ﹀ pie ⑥ 、 na

2. 请按照正确笔顺写出下列汉字的第二笔。

Write the second strokes of the following Chinese characters according to the proper stroke order.

Напишите вторую черту иероглифа в соответствии с правильным порядком черт.

Example　十：一　人：ノ

① 不：ノ ② 关：ノ ③ 木：丨

④ 文：一 ⑤ 火：丶 ⑥ 年：一

⑦ 斤：ノ ⑧ 少：丨

3. 选字组词。选择括号中正确的汉字与所给的汉字组成一个词语。

Choose characters to form words. Choose a character in the brackets to form a word with the given one.

Выберите иероглифы и составьте слова. Выберите правильный иероглиф в скобках и составьте с ним слово.

Example （a 干 / b 千）什么 → （ⓐ 干 / b 千）什么

① （a 工 / b 土）作 ② 明（a 大 / ⓑ 天）

③ （a 太 / b 大）好了 ④ 工（a 广 / ⓑ 厂）

⑤ 上（a 牛 / b 午） ⑥ （a 本 / b 木）子

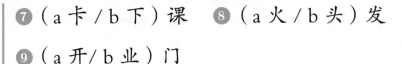

⑦（a 卡 / b 下）课　⑧（a 火 / b 头）发

⑨（a 开 / b 业）门

4. 看拼音填词语。把下列词语填写在对应的拼音后边。

Write the words on the lines according to *pinyin*.

Заполните скобки словами по транскрипции «пиньинь».

① sān jīn ＿三斤＿　② bū shǎo ＿不少＿

③ liù běn ＿六本＿　④ gōngchǎng ＿工厂＿

⑤ yí gòng ＿一共＿　⑥ gōngrén ＿工人＿

五、课后作业

After-class Assignments

Домашняя работа

1. 打字练习。请在电脑上打出下列词语。

Practice typing. Type the following words on your computer.

Упражнение на ввод иероглифов. Наберите на компьютере следующие слова.

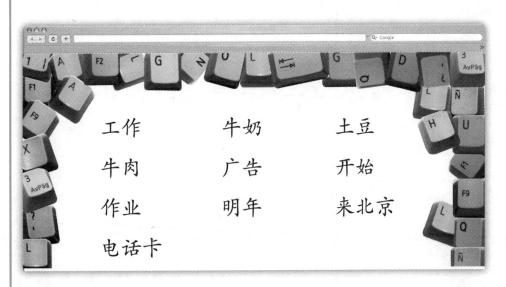

工作　牛奶　土豆

牛肉　广告　开始

作业　明年　来北京

电话卡

2. 街头汉字。读 一读 ， 记一 记。

Chinese characters on the street. Read and remember.

Иероглифы на улице. Прочитайте и запомните.

中华人民共和国大使馆
(Zhōnghuá Rénmín Gònghéguó Dàshǐguǎn)

The Embassy of the People's Republic of China
Посольство КНР

学习目标

Objectives
Цели урока

1 学习以横起笔的复合笔画。

Learn the compound strokes that start with horizontal ones.
Изучить сложные горизонтальные черты.

っ フ フ ヿ へ 了 乙 乙

2 学写25个汉字。

Learn to write 25 Chinese characters.
Научиться писать 25 иероглифов.

kǒu	zhōng	rì	bái	bǎi	mù	zì	wǔ	lǐ	yòu	mǎi	mén	yuè
口	中	日	白	百	目	自	五	里	又	买	门	月

dāo	lì	bàn	wàn	fāng	shū	zài	yǔ	fēi	qì	jǐ	jiǔ
刀	力	办	万	方	书	再	雨	飞	气	几	九

3 认读44个词语。

Identify and read 44 words.
Распознавать и читать 44 слова.

汉字知识

Knowledge of Chinese Characters
Иероглифические знания

Compound Strokes of Chinese Characters

In writing, two or more strokes join smoothly and become a compound stroke. There are over 20 compound strokes in Chinese characters, starting with horizontal, vertical and left-falling strokes respectively. They cannot be treated as two separate strokes in writing.

Сложные черты китайских иероглифов

Сложная черта – это когда две или несколько черт соединяются вместе и пишутся как одна черта. В китайской иероглифике имеется более 20 сложных черт. Они делятся на сложные горизонтальные, сложные вертикальные и сложные откидные. Во время написания сложную черту нужно писать слитно без деления на две черты.

一、学写笔画

Learn to Write Strokes
Учимся писать черты

1. 看一看，写一写。   Look and write. Посмотрите и напишите

以横起笔的复合笔画   *Compound Strokes Starting with Horizontal Strokes*   *Сложные горизонтальные черты*

笔画 **Stroke** Черта	名称 **Name** Название	写法 **How to write**	写法 Способ написания	仿写 **Follow the way** Ваше написание	举例 **Example** Пример иероглифа
	héng zhé (横折)	Start with a horizontal stroke, followed by a vertical one.	Сначала пишется горизонтальная, которая ломается вертикально вниз.		口
	héng piě (横撇)	Start with a horizontal stroke, followed by a left-falling one.	Сначала пишется горизонтальная, а затем добавляется откидная влево.		又
	héng gōu (横钩)	Start with a horizontal stroke, followed by a hook to the bottom left.	Сначала пишется горизонтальная, а затем – крюк влево книзу.		买
	héng zhé gōu (横折钩)	Start with a horizontal stroke, followed by a vertical one and then a hook to the top left.	Сначала пишется ломаная горизонтальная, а затем – крюк влево кверху.		习
	héng zhé xié gōu (横折斜钩)	Start with a horizontal stroke, followed by a right-falling one and then a hook to the top right.	Сначала пишется горизонтальная, затем – откидная вправо, а в конце – крюк вправо кверху.		飞
	héng zhé wān gōu (横折弯钩)	Start with a horizontal stroke, followed by vertical one and then a curved stroke to the top.	Сначала пишется горизонтальная, затем – вертикальная, далее вправо ведется горизонтальная, и в конце – крюк кверху.		几

2. 请把左边的笔画名称与右边的笔画连起来。

Match the names on the left with the strokes on the right.

Соедините название черты слева с чертой справа.

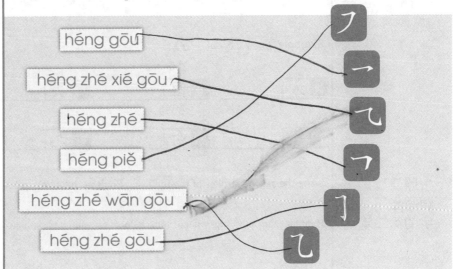

3. 与同伴交换课本，看看对方做得对不对。

Exchange the textbook with your partner and see whether your partner matched properly.

Обменяйтесь учебниками с одноклассником и посмотрите, правильно ли у вас написано.

4. 徒手练习。老师说出笔画名称，同学用手指在空中写出相应的笔画。

Write in the air. The teacher says the stroke name and the students write it with their fingers in the air.

Тренировка без ручки. Преподаватель говорит название черты, а студенты пишут ее в воздухе.

5. 数一数下面每个汉字有几个笔画。

Find out how many strokes there are in each of the following characters.

Посчитайте количество черт в каждом иероглифе.

| Example | 口 (*3*) |

| A 中 4 | B 五 4/5 | C 又 2 | D 门 3 |
| E 飞 3 | F 九 2 | G 习 3/4 | H 日 4 |

6. 找出下面每个汉字里以横起笔的复合笔画。

Find out the compound stroke starting with a horizontal stroke in each character.

Найдите сложную горизонтальную черту в каждом иероглифе.

Example	飞（乙）

| A | 方 | 𠃌 | B | 里 | | C | 买 | | D | 月 | |
| E | 气 | | F | 白 | | G | 九 | | H | 又 | |

7. 按照正确的笔顺写出下列汉字的第二笔。

Write the second strokes of the following Chinese characters according to the proper stroke order.

Напишите вторую черту иероглифа в соответствии с правильным порядком черт.

Example	人（乀）

| A | 几 |) | B | 四 | 𠃌 | C | 力 | 𠃌 | D | 飞 | / |
| E | 九 | 乙 | F | 五 | ∣ | G | 百 | / | H | 书 | 𠃌 |

二、学写汉字

Learn to Write Chinese Characters
Учимся писать иероглифы

请按照正确的笔顺在田字格中写出下列汉字。

Write the Chinese characters in the writing grid according to the proper stroke order.

Впишите иероглифы в клеточки в соответствии с правильным порядком черт:

① 口

kǒu

mouth

рот

口语 kǒuyǔ	spoken language разговорный язык
三口人 sān kǒu rén	three persons 3 члена семьи

"口"字是三笔，不要把"口"字写成"O"。

口 has three strokes and do not write it in the form of O.

Иероглиф 口 состоит из 3 черт, не нужно писать его в виде О.

②
zhōng

middle
средний

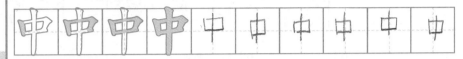

| 中文 Zhōngwén | Chinese language китайский язык |
| 中国 Zhōngguó | China Китай |

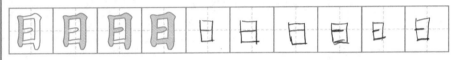

"口"要写得扁一些，不要太方正。
Make 口 flat and not too square.
Иероглиф 口 пишется более плоско, в виде прямоугольника, не нужно делать его слишком квадратным.

③ 日
rì

sun
день

生日 shēngrì	birthday день рожденья
日本 Rìběn	Japan Япония
星期日 xīngqīrì	Sunday воскресенье

"日"要写得瘦一些，不要太方正。
Make 日 thin and not too square.
Иероглиф 日 должен выглядеть более вытянутым, не надо делать его слишком квадратным.

④ 白
bái

white
белый

| 白天 báitiān | daytime день |
| 白色 báisè | white белый цвет |

先写一个短撇，再写一个"日"。
Start with a short left-falling stroke, followed by 日.
Сначала пишется короткая откидная влево, а затем иероглиф 日.

⑤ 百
bǎi

hundred
сто

| 一百 yìbǎi | a hundred 100 |
| 三百年 sānbǎi nián | three hundred years триста лет |

先写一横，再写一个"白"。
Start with a horizontal stroke, followed by 白.
Ссначала пишется горизонтальная, а затем – иероглиф 白.

⑥ 目

mù

eye

глаз

目标 mùbiāo — objective цель

"目"里边是两个横，不要写成"日"。

There are two horizontal strokes in 目 and do not mistake it for 日.

Внутри иероглифа 目 пишутся две горизонтальные, не надо писать его, как иероглиф 日.

⑦ 自

zì

self

сам

自己 zìjǐ — oneself сам

先写个短撇，再写一个"目"。

Start with a short left-falling stroke, followed by 目.

Сначала пишется короткая откидная влево, а затем – иероглиф 目.

⑧ 五

wǔ

five

пять

五年 wǔ nián	five years	пят лет
五天 wǔ tiān	five days	пять дней
星期五 xīngqīwǔ	Friday	пятница

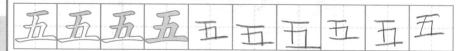

第二笔是竖，不过有些斜，不是垂直的。

The second stroke is a vertical one with a little slanting.

Вторая черта – вертикальная с небольшим наклоном.

⑨ 里

lǐ

in

внутри

里边 lǐbiān — inside внутри

下边的第一个横短一点儿，第二个横长一点儿。

The first of the lower horizontal strokes is shorter than the second one.

Первая гризонтальная внизу короче второй.

⑩ 又 yòu

again

опять

又来了 yòu lái le　come again　опять началось; опять пришел

"又"是两笔，不要写成三笔。

又 has two strokes rather than three.

Иероглиф 又 состоит из двух черт, не надо делить его на три черты.

⑪ 买 mǎi

buy

покупать

买什么 mǎi shénme　to buy what　что купить

买东西 mǎi dōngxi　buy things　ходить за покупками

先写横钩，再在下边写一个"头"。

Start with a horizontal-hook stroke, followed by 头 in the bottom.

Сначала пишется горизонтальная с крюком, а затем – иероглиф 头.

⑫ 门 mén

door

дверь

开门 kāi mén　open a door　открыть дверь

关门 guān mén　close a door　закрыть дверь

门口 ménkǒu　door gate　выход, вход

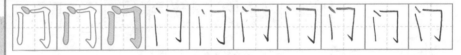

点要写在竖和横折钩相离的中间，不要写在上边。

The point stroke should be kept at the middle between the vertical one and the horizontal-turning-hook one and not at the above.

Точка пишется между вертикальной и ломаной горизонтальной с крюком.

⑬ 月 yuè

moon, month

месяц

几月 jǐ yuè　which month　в каком месяце

十二月 shí'èr yuè　December　декабрь

第一笔的撇要写得垂直一点。中间的两个横不要写得太短。

The first stroke, a left-falling one, should be kept a little vertical and the two horizontal strokes should not be too short.

Первая черта – откидная влево – пишется более отвесно, две горизонтальные посередине нужно писать подлиннее.

14
dāo
knife
нож

刀子 dāozi　　knife нож

撇的顶部要与横折钩相接，但不要相交。
The top of the left-falling stroke and the horizontal-turning-hook stroke join but do not cross each other.
Верхнее окончание откидной влево должно соединяться, но не пересекаться с ломаной горизонтальной с крюком.

15 力
lì
power
сила

努力 nǔlì　　strive усердный

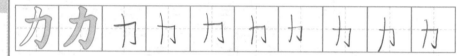

笔画和笔顺与"刀"一样，只是撇要与横折钩相交。
The strokes and the stroke order are the same as those of 刀, but the left-falling stroke crosses the horizontal-turning-hook.
Черты и порядок черт такой же, как и у иероглифа 刀, отличие в том, что откидная влево пересекается с ломаной горизонтальной с крюком.

16
bàn
handle
делать

办公室 bàngōngshì　　office офис

先写"力"，最后写两个点。
Start with 力 and end with the two point strokes.
Сначала пишется иероглиф 力, а затем - две точки.

17 万
wàn
ten thousand
десять тысяч

一万 yíwàn　　ten thousand десять тысяч
六万人 liùwàn rén　　sixty thousand people шестьдесят тысяч человек

第二笔是横折钩，最后一笔是撇，注意别写错了。
The second stroke is a horizontal-turning-hook one and the last is a left-falling one. Do not make mistake.
Вторая черта – ломаная горизонтальная с крюком, последняя черта – откидная влево, а не наоборот.

18 **方**

fāng

square

квадрат

地方 dìfāng	place **место**

先写一个点，再写一个"万"。

Start with a point, followed by 万.

Сначала пишется точка, а затем – иероглиф 万.

19 **书**

shū

book

книга

一本书 yì běn shū	a book **одна книга**
看书 kàn shū	read books **читать книгу**
书店 shū diàn	bookstore **книжный магазин**

点在字的右上方的时候，要最后写。

When the point stroke is at the top right, it is written at last.

Когда точка находится в правой верхней части иероглифа, она пишется в конце.

20 **再**

zài

again

снова

再见 zàijiàn	bye **до свиданья**

先写一个外框，最后写一个"土"。

Start with an exterior frame and end with 土.

Сначала пишется внешняя рамка, а затем – иероглиф 土.

21 **雨**

yǔ

rain

дождь

下雨 xià yǔ	it rains **идет дождь**
大雨 dàyǔ	heavy rain **сильный дождь**

㉒ fēi

飞

fly

летать

飞机 fēijī　　plane　самолет

先写横折斜钩，再写一个短撇，最后写一个点。

Start with a horizontal-turning-hook stroke, followed by a short left-falling one and then a point one.

Сначала пишется ломаная горизонтальная с крюком, затем - короткая откидная влево, а в конце – точка.

㉓ qì

气

gas

газ, воздух

天气 tiānqì　　weather　погода

中间的一横要写短些。

The middle horizontal stroke is shorter.

Горизонтальная посередине пишется немного короче.

㉔ jǐ

几

a few

несколько

几个 jǐ ge　　how many　сколько, несколько

几点 jǐ diǎn　　what time　сколько времени

星期几 xīngqī jǐ　　what day　в какой день недели

"几"是两笔，而且不要写得太宽。

几 has two strokes. Do not make it too wide.

Иероглиф 几 состоит из двух черт; не нужно делать его слишком широким.

㉕ jiǔ

九

nine

девять

九十 jiǔshí　　ninety　девяносто

九月 jiǔyuè　　September　сентябрь

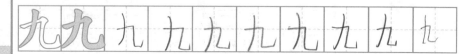

先写撇，再写横折弯钩。注意别跟"几"弄混了。

Start with a left-falling, followed by a horizontal-turning-hook one. Do not mistake it for 几.

Сначала пишется откидная влево, а затем – ломаная горизонтальная с крюком. Не путайте с иероглифом 几.

三、书写练习

Writing Practice

Упражнения на написание иероглифов

1. 请按照笔画数，将笔画数相同的汉字写在相应的线上。

Write the characters with the same number of strokes on the appropriate line.

Запишите иероглифы по количеству черт в соответствующей строке.

口 中 日 白 百 自 五 目 里 又 买 门 月
刀 力 办 万 方 书 再 雨 飞 气 凡 九

2 画　又, 刀, 力, 几, 凡 九

3 画　口, 门, 万, 飞

4 画　中, 日, 五, 月, 办, 方, 书, 气

5 画　白, 自

6 画　百, 自, 买, 再

7 画　里

8 画　雨

2. 看拼音写词语。

Write the words according to *pinyin*.

Запишите слова в иероглифах по транскрипции «пиньинь»:

A. Zhōngwén　中文　(Chinese, китайский язык)

B. jiǔ nián　九年　(nine years, девять лет)

C. xià yǔ　下雨　(it rains, идет дождь)

D. yì běn shū　一本书　(a book, одна книга)

E. kāi mén　开门　(open the door, открыть дверь)

F. rénkǒu　人口　(population, население)

G. tiānqì　天气　(weather, погода)

39

H. shēngrì	生日	(birthday, день рожденья)
I. Rìběn	日本	(Japan, Япония)
J. jǐ yuè	几月	(which month, в каком месяце)

四、认读练习

Identifying and Reading Practice
Упражнения на распознавание и чтение иероглифов

1. 认读词语：两人一组，一个人（A）读序号为单数号1、3、5、7、……25的词语，另一个人（B）读双数号2、4、6、8……24的词语。

Identify and read words: working in pairs, one (A) reads odd-numbered words and the other (B) reads even-numbered words.

Распознавание и чтение слов. Упражнение в паре: объединитесь в группы по два человека, один человек (A) читает слова под нечетными номерами 1, 3, 5, 7 и так до 25, а другой человек (B) – под четными номерами 2, 4, 6, 8 и так до 24.

给学生的提示：

如果你的同伴念错了，或者忘了，你可以轻轻地提醒他（她）。如果你们都忘了字词的读音和意思，请看看"二、学写汉字"的内容。

Note to the students: if your partner misreads or forgets the word, you can remind him or her in a low voice. If both of you forget the pronunciation and meaning, refer to "II. Learn to Write Chinese Characters".

Студенту: если одноклассник прочитал неверно или забыл, как читается, вы можете потихоньку подсказать ему, если же вы оба забыли чтение и значение, то можно заглянуть в часть «2. Учимся писать иероглифы».

① 口：口语 三口人　　② 中：中文 中国
③ 日：生日 日本 星期日　④ 白：白天 白色
⑤ 百：一百 三百年　　　　⑥ 目：目标
⑦ 自：自己　　　　　　　　⑧ 五：五年 五天 星期五
⑨ 里：里边　　　　　　　　⑩ 又：又来了
⑪ 买：买什么 买东西　　　⑫ 门：开门 关门 门口
⑬ 月：几月 十二月　　　　⑭ 刀：刀子
⑮ 力：努力　　　　　　　　⑯ 办：办公室
⑰ 万：一万 六万人　　　　⑱ 方：地方
⑲ 书：一本书 看书 书店　⑳ 再：再见
㉑ 雨：下雨 大雨　　　　　㉒ 飞：飞机
㉓ 气：天气　　　　　　　　㉔ 几：几个 几点 星期几
㉕ 九：九十 九月

2. 画线连接。请
把左边的词语
与右边对应的
拼音连起来。

Match the words on the left with the appropriate *pinyin* on the right.

Соедините слова слева с соответствующей транскрипцией «пиньинь» справа.

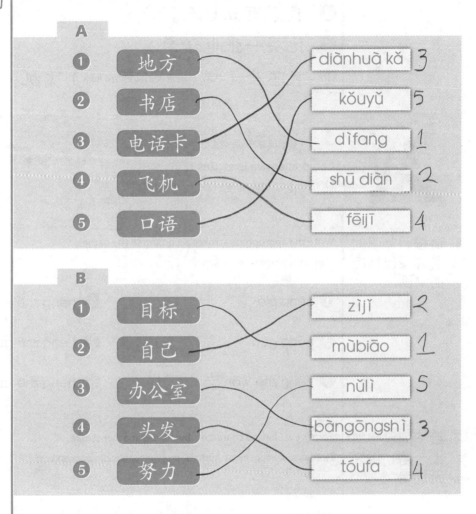

A

❶	地方	diànhuà kǎ 3
❷	书店	kǒuyǔ 5
❸	电话卡	dìfang 1
❹	飞机	shū diàn 2
❺	口语	fēijī 4

B

❶	目标	zìjǐ 2
❷	自己	mùbiāo 1
❸	办公室	nǔlì 5
❹	头发	bàngōngshì 3
❺	努力	tóufa 4

3. 认读下列句
子。

Identify and read the following sentences.

Прочитайте предложения.

❶ 我<u>的</u> (de, someone's/определительная частица) 生日是九月十六日。

❷ 你买什么？

❸ 他的口语很好。

❹ 明天星期五。

❺ 他学习很努力。

⑥ 王老师的办公室很大。

⑦ 今天书店不开门。

⑧ 我家有五口人。

⑨ 他买一张电话卡。

⑩ 我不坐（zuò, take/сидеть, ехать чем）飞机，坐火车。

五、综合练习

Comprehensive Exercises
Общие упражнения

1. 请按照笔画的
名称写出相应
的笔画。

Write the appropriate strokes according to the names.

Напишите черту по названию.

① héng piě _____ ② héng zhé _____

③ héng gōu _____ ④ héng zhé gōu _____

⑤ héng zhé wān gōu _____ ⑥ héng zhé xié gōu _____

2. 给下列汉字加
上一笔，组成
新汉字。

Form new Chinese characters by adding another stroke.

Добавьте к иероглифу черту и получите новый иероглиф.

Example	一 + （ 丨 ） = 十

① 口：_____ ② 十：_____ ③ 人：_____

④ 白：_____ ⑤ 大：_____ ⑥ 日：_____

⑦ 头：_____ ⑧ 木：_____ ⑨ 厂：_____

3. 看拼音填词语。把下列词语填写在对应的拼音后边。

Write the words on the lines according to *pinyin*.

Заполните скобки словами по транскрипции «пиньинь».

又走了　门口　再来　下雨　中文书　自己买　生日　几月

① xià yǔ　　下雨

② zìjǐ mǎi　自己买

③ jǐ yuè　　几月

④ ménkǒu　门口

⑤ Zhōngwén shū　中文书

⑥ yòu zǒu le　又走了

⑦ shēngrì　生日

⑧ zài lái　再来

4. 请你用今天学过的字（包括写和认的）组词，写在下面的表格里。写完后与同伴交流一下，看看谁写得又多又好；然后互相学习，把自己没写出来的汉字补充进来。

Form words with the characters learned today (including both the learned to write and to read ones) and write them down in the following table. Then check with your partner and see who writes more characters correctly. Then learn from each other and add what is missed in your box.

Составьте слова из изученных сегодня иероглифов (включая те, что вы можете записать и распознать) и запишите их в таблицу. Затем обменяйтесь записями с одноклассником и посмотрите, у кого написано больше и лучше. Поучитесь друг у друга, добавив иероглифы, которые вы сначала не записали.

给学生的提示：

没学过的或者认读的字可以写拼音，如果是学写的字就必须用汉字。

Note to the students: *pinyin* is allowed for what haven't been learned and have learned to read but only characters are allowed for what have been learned to write.

Студенту: если вы не изучали какой-то иероглиф, но знаете, как он читается, можно записать его чтение в транскрипции «пиньинь»; если же вы проходили этот иероглиф, то его нужно обязательно записать в иероглифике.

六、课后作业

After-class Assignments
Домашняя работа

1. 打字练习。请
在电脑上打出
下列词语。

Practice typing. Type the following words on your computer.

Упражнение на ввод иероглифов. Наберите на компьютере следующие слова.

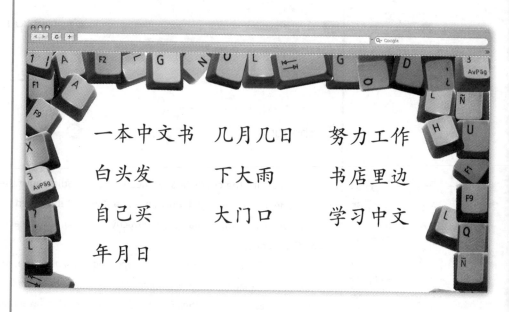

一本中文书　　几月几日　　努力工作

白头发　　　　下大雨　　　书店里边

自己买　　　　大门口　　　学习中文

年月日

2. 街头汉字。读
一读，记一
记。

Chinese characters on the street. Read and remember.

Иероглифы на улице. Прочитайте и запомните.

首都机场(shǒudū jīchǎng)

Capital Airport
«Столичный аэропорт»

学习目标

Objectives
Цели урока

1 学习以竖起笔的复合笔画。

Learn the compound strokes that start with the vertical stroke.
Изучить сложные вертикальные черты.

2 学习以撇起笔的复合笔画。

Learn the compound strokes that start with left-falling strokes.
Изучить сложные откидные влево.

3 学习特殊钩笔。

Learn the special hook strokes.
Изучить особые черты с крюками.

4 学写26个汉字。

Learn to write 26 Chinese characters.
Научиться писать 26 иероглифов.

shān	chū	le	zi	shǒu	xiǎo	shuǐ	cháng	sì	xī	qī	ér	yě
山	出	了	子	手	小	水	长	四	西	七	儿	也

běi	diàn	jiàn	jǐ	yǐ	mǎ	chē	dōng	qù	me	nǚ	wǒ	xīn
北	电	见	己	已	马	车	东	去	么	女	我	心

5 认读57个词语。

Learn to read 57 words.
Распознавать и читать 57 слов.

汉字知识

Knowledge of Chinese Characters
Иероглифические знания

How to Memorize Single-component Characters

It is important not to sketch each character in a mechanic way. You should grasp the feature of each one's shape to remember it.

1. Pay attention to the relationship between every two strokes. There are three major relationships, namely, crossing, joining and separating.

　　Crossing: 大 and 十;
　　Joining: 上 and 人;
　　Separating: 八 and 二.

2. Pay attention to the number of strokes. The difference between some characters is just a stroke more or less, such as 日—目 and 今—令.

3. Pay attention to the nuances. Some characters have the same number of strokes but there are nuances between the shapes, such as 千—千.

4. Pay attention to the length of strokes. Some characters will become others if one stroke is elongated or shortened, such as 末—未 and 已—己.

5. Pay attention to some characters with similar shapes but different structures, such as 走—是. One is a single-component character but the other is a compound one.

Mastery of these rules will make Chinese characters easier to remember and distinguish.

Способ запоминания простых иероглифов

Не нужно механически переписывать один и тот же иероглиф по много раз, нужно запоминать его по особенностям формы.

1. Запоминайте связь между чертами. Между чертами иероглифов имеется три типа связей: пересечение, соединение и разделение.

　　Пример пересечения: 大, 十;
　　Пример соединения: 上, 人;
　　Пример разделения: 八, 二.

2. Обращайте внимание на количество черт. Некоторые иероглифы различаются лишь одной чертой, например, 日—目, 今—令.

3. Следите за тонкой разницей между чертами. Иногда количество черт совпадает, но черты отличаются по форме Например, 千—千 и т.д.

4. Обращайте внимание на длину черт. Если в некоторых иероглифах написать черту длиннее или короче, то они превратятся в другие иероглифы. Например, 末—未, 已—己.

5. Иероглифы могут быть похожи по форме, но могут отличаться по структуре. Например, 走—是: 走 – простой иероглиф, а 是 – составной.

Если вы запомните эти правила, вам будет проще запоминать и различать похожие иероглифы.

一、学写笔画

Learn to Write Strokes
Учимся писать черты

1. 看一看，写一写。

Look and write.

Посмотрите и напишите.

① 以竖起笔的复
　合笔画。

Compound strokes starting with vertical strokes.

Сложные вертикальные черты.

笔画 **Stroke** Черта	名称 **Name** Название	写法 **Way of writing**	写法 Способ написания	仿写 **Follow the way** Ваше написание	举例 **Example** Пример иероглифа
	shù zhé (竖折)	Start with a vertical stroke, followed by a horizontal one to the right.	Сначала пишет-ся вертикальная, которая ломается горизонтально вправо.		山
	shù wān (竖弯)	Start with a vertical stroke, followed by a short horizontal one to the right.	Сначала пишется вертикальная, а затем – короткая горизонтальная вправо.		四
	shù tí (竖提)	Start with a vertical stroke, followed by a lift to the top right.	Сначала пишется вертикальная, а затем – длинная точка вправо вверх.		长
	shù gōu (竖钩)	Start with a vertical stroke, followed by a hook to the top left.	Сначала пишется вертикальная, а за-тем – крюк влево вверх.		小
	shù wān gōu (竖弯钩)	Start with a vertical stroke, followed by a short horizontal one to the right and then a hook to the top left.	Сначала пишется вертикальная, затем – горизонтальная вправо, а в конце – крюк влево кверху.		儿
	shù zhé zhé gōu (竖折折钩)	Start with a vertical stroke, followed by a horizontal one to the right, a vertical one to the bottom and a hook to the top left.	Сначала пишется вертикальная, затем – горизонтальная вправо, потом снова вертикальная, а в конце – крюк влево кверху.		马

② 以撇起笔的复合笔画。

Compound strokes starting with left-falling strokes.

Сложные откидные влево.

笔画 Stroke Черта	名称 Name Название	写法 Way of writing	写法 Способ написания	仿写 Follow the way Ваше написание	举例 Examples Пример иероглифа
ㄥ	piě zhé (撇折)	Start with a left-falling stroke, followed by a horizontal one to the right.	Сначала пишется откидная влево, а затем – горизонтальная вправо.		车
ㄥ	piě diǎn (撇点)	Start with a left-falling stroke, followed by a point to the bottom right.	Сначала пишется откидная влево, а затем – точка вправо книзу.		女

③ 特殊钩笔。

Special hook strokes.

Особые черты с крюком.

笔画 Stroke Черта	名称 Name Название	写法 Way of writing	写法 Способ написания	仿写 Follow the way Ваше написание	举例 Examples Пример иероглифа
㇂	xié gōu (斜钩)	Start with a slant stroke from the top left to the bottom right, followed by a hook upward.	Напишите наклонную дугообразную черту с небольшим углом изгиба, начиная вести с левой верхней до нижней точки вправо, а затем добавьте крюк.		我
㇃	wò gōu (卧钩)	A reclining stroke to the bottom right is followed by a hook upward.	Напишите небольшую дугу вправо вниз, а затем добавьте крюк кверху.		心

2. 请把左边的笔画名称与右边的笔画连起来。

Match the names on the left and the strokes on the right.

Соедините название черт слева с чертами справа.

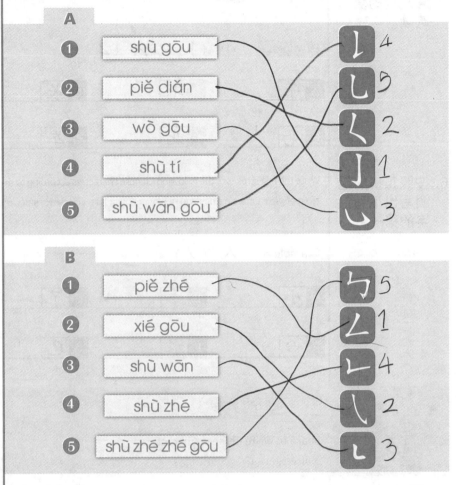

A

① shù gōu

② piě diǎn

③ wǒ gōu

④ shù tí

⑤ shù wān gōu

B

① piě zhé

② xié gōu

③ shù wān

④ shù zhé

⑤ shù zhé zhé gōu

3. 徒手练习。老师说出笔画名称，同学用手指在空中写出相应的笔画。

Write in the air. The teacher says the stroke name and the students write it with their fingers in the air.

Тренировка без ручки. Преподаватель говорит название черты, а студенты пишут ее в воздухе.

4. 数一数下面每个汉字有几个笔画。

Find out how many strokes there are in each of the following Chinese characters.

Посчитайте количество черт в каждом иероглифе.

Example 口 （**3**）

A 了 2	B 山 3	C 小 3	D 手 4
E 心 4	F 儿 2	G 也 3	H 我 7

5. 找出下面每个汉字里以竖或撇起笔的复合笔画。

Find out the compound strokes starting with vertical or left-falling strokes in each character.

Найдите сложную вертикальную черту или сложную откидную влево в каждом иероглифе.

Example	小（亅） 么（乙）

A 子 ㇋	B 七 乚	C 长 ㇋	D 四 亅
E 见 亅	F 北 亅	G 车 亅	H 女 乚

6. 按照正确的笔顺写出下列汉字的第一笔。

Write the first strokes of the following Chinese characters according to the proper stroke order.

Попробуйте написать первую черту иероглифа в соответствии с правильным порядком черт.

Example	人（丿）

A 小 亅	B 手 ㇓	C 了 乛	D 七 一
E 心 丶	F 水 亅	G 已 乛	H 北 丨

二、学写汉字

Learn to Write Chinese Characters
Учимся писать иероглифы

请按照正确的笔顺在田字格中写出下列汉字。

Write the following characters in the writing grid according to the proper stroke order.

Впишите иероглифы в клеточки в соответствии с правильным порядком черт.

①

shān

mountain
гора

山上 shānshang	on the mountain на горе
爬山 pá shān	climb a mountain взбираться на гору
山里 shān li	in the mountain в горах

中间的"丨"要写得比两边高一点。

The middle vertical stroke is higher than the other two.

Вертикальная посередине должна быть длиннее других.

② 出

chū

go out

выходить

出口 chūkǒu	exit выход	
出去 chū qù	go out выходить	

③ 了

le

(a modal particle)

суффикс прошед-шего времени

买了一本书 mǎi le yì běn shū	have bought a book купил одну книгу	
走了 zǒu le	have gone ушел	

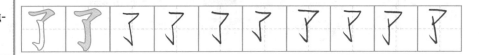

"了"中的"丿"不要写得太长。

Do not make the left-falling part of the horizontal-left-falling stroke too long.

Откидную влево в горизонтальной откидной не нужно делать слишком длинной.

④ 子

zi

(a suffix after noun)

сын, ребенок; суф-фикс для обозначе-ния существитель-ного

本子 běnzi	book тетрадь	
刀子 dāozi	knife нож	

在"了"的中部加上一个"一"就是"子"。

Add a horizontal stroke in the middle of 了.

Добавьте горизонтальную посередине иероглифа 了, и получится иероглиф 子.

⑤ 手

shǒu

hand

рука

手机 shǒujī	cell phone мобильный телефон	

最后一笔"亅"要向左拐，不要向右拐。

When the last stroke, the vertical-hook one, is written, the hook is done to the left rather than the right.

В последней черте – вертикальной с крюком – изгиб делается влево, а не вправо.

6 小
xiǎo

small
маленький

| 小学 xiǎoxué | primary school начальная школа |
| 小学生 xiǎoxuéshēng | primary school student ученик начальной школы |

先写中间的"亅"再写两边的部分，是为了使这个字有稳定感。

To make the character look stable, start with the vertical-hook stroke in the middle, followed by the two point strokes on both sides.

Для симметричности иероглифа сначала пишется вертикальная с крюком, а потом – точки.

7 水
shuǐ

water
вода

| 热水 rè shuǐ | hot water горячая вода |
| 水果 shuǐguǒ | fruit фрукты |

"亅"的左右两边不要写得一高一低，要基本一样高。

Both sides to the vertical-hook stroke should be roughly of the same height.

Правая и левая части иероглифа пишутся на одинаковой высоте.

8 长
cháng

long
длинный

| 很长 hěn cháng | very long очень длинный |
| 长城 Chángchéng | the Great Wall Великая стена |

"亅"是向右上拐，不要写成向左上拐。

The lift in the vertical-lift stroke is to the top right rather than the top left.

В вертикальной с длинной точкой изгиб делается вправо, а не влево.

9 四
sì

four
четыре

| 四月 sìyuè | April апрель |
| 星期四 xīngqīsì | Thursday четверг |

里边的是"乚"，不要写成"乚"。

Do not mistake the vertical-curve stroke inside the character for the vertical-curved hook.

Внутри – изогнутая вертикальная, а не изогнутая вертикальная с крюком.

⑩ **西** xī

west

запад

西边 xībiān	western side запад
西门 xīmén	west gate западные ворота

先写"一"，下面的部分跟"四"笔顺相同，只不过"丿"和"凵"都要出头，与上面的"一"相接。

Start with a horizontal stroke, followed by what looks like 四 but with the left-falling and the vertical-curve strokes join the horizontal one at the above.

Сначала пишется горизонтальная, далее – порядок черт такой же, как у иероглифа 四, только откидная влево и изогнутая вертикальная выходят наружу и пересекаются с верхней горизонтальной.

⑪ **七** qī

seven

семь

二十七 èrshíqī	twenty-seven двадцать семь
七月 qīyuè	July июль

第一笔的"一"不要写成水平的，要稍向右上方倾斜。

The first stroke, a horizontal one, slants to the top right.

Первая горизонтальная немного отклоняется вправо вверх.

⑫ **儿** ér

child

ребенок

儿子 érzi	son сын
女儿 nǚ'ér	daughter дочка

这两个笔画的顶端不要离得太近，也不要连起来。

The tops of the two strokes should not be too close or join.

Верхние точки обеих черт не должны находиться слишком близко друг от друга.

⑬ **也** yě

also

тоже

也买 yě mǎi	also buy также купить
也很好 yě hěn hǎo	also good тоже очень хорошо

"乛"中的"一"笔并不是水平的，而是向右上方倾斜。

The horizontal one in the horizontal-turning-hook stroke slants to the top right.

Горизонтальная черта в ломаной горизонтальной с крюком немного отклоняется вправо наверх.

⑭ 北

běi

north

север

北京 Běijīng	Beijing Пекин
北边 běibiān	northern side север

这个字右半部的"丿"与"乚"相接，但不要写成"七"。

The left-falling stroke on the right and the vertical-hook one join rather than cross each other.

Откидная влево в правой части иероглифа соединяется с изогнутой вертикальной с крюком, не путайте с иероглифом 七.

⑮ 电

diàn

electricity

электричество

电话 diànhuà	telephone телефон
电视 diànshì	television телевизор

"曰"要写得扁一些。

Make 曰 in the character flat.

Иероглиф 曰 должен быть более плоским.

⑯ 见

jiàn

see

видеть

再见 zàijiàn	See you до свиданья
看见 kànjiàn	see увидеть
见面 jiànmiàn	meet встретиться

注意，下面的"乚"与"丿"相接，不要相离。

Pay attention that vertical-turning-hook and left-falling join each other rather than seperate.

Обратите внимание, что 乚 и 丿 соединяются, не надо их разделять.

⑰ 己

jǐ

self

сам

自己 zìjǐ	oneself сам

"乚"的顶端与上边"一"的左端相接。

The top of vertical-turning-hook and the left of hovizontal join.

Верхний конец 乚 соединяется с левым концом 一.

⑱ 已 yǐ

already

уже

已经 yìjīng　already уже

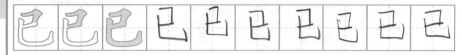

不要写成"己"。"乚"的顶端要高于"一"，但又要与上边的笔画相离。

Do not mistake it for 己. The top of vertical-turning-hook is higher than horizontal, and separates itself from the stroke above.

Не путайте с иероглифом 己. Верхний конец 乚 выше 一, но и не касается верхней черты.

⑲ 马 mǎ

horse

лошадь

骑马 qí mǎ　ride a horse ездить верхом на лошади

马上 mǎshàng　immediately сейчас же

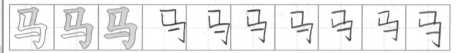

这个字看起来比较难，实际上只要三个笔画："フ"、"乚"，最后一笔横"一"。

It looks complicated but only contains three strokes, starting with a horizontal-turning one, followed by a horizontal-turning-turning-hook one and at last a horizontal one.

Этот иероглиф выглядит очень сложным, а на самом деле, он состоит всего лишь из 3 черт: ломаной горизонтальной, дважды ломаной вертикальной с крюком и еще одной горизонтальной.

⑳ 车 chē

vehicle

машина

火车 huǒchē　train поезд

汽车 qìchē　automobile автомобиль, автобус

车站 chēzhàn　stop, station станция

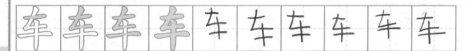

下边的"一"要写得比上边的"一"长。

The lower horizontal stroke is longer than the upper one.

Нижняя черта 一 длиннее нижней 一.

㉑ 东 dōng

east

восток

东边 dōngbiān　eastern side восток

东门 dōngmén　east gate восточные ворота

东西 dōngxi　things вещи

最后三笔是"小"。

The last three strokes are 小.

Последние три черты, как в иероглифе 小.

22 去 qù

go; last

идти

出去 chū qù	go out	ВЫХОДИТЬ
去银行 qù yínháng	go to the bank	пойти в банк
去年 qùnián	last year	прошлый год

去 去 去 去 去 去 去 去 去

下边的"厶"的顶端要与上边的"土"相接。

The top of 厶 joins with 土 on the above.

Верхний конец нижней черты 厶 соединяется с верхним иероглифом 土.

23 么 me

(a suffix)

частица

什么 shénme	what	что
怎么 zěnme	how	как
怎么样 zěnmeyàng	how about	как, каким образом

么 么 么 么 么 么 么 么 么

第一笔"丿"稍短于"乚"中的"丿"。

The first stroke, left-falling one, is a little shorter than the left-falling part in the left-falling-curve stroke.

Первая черта 丿 немного короче 丿 в ломаной откидной.

24 女 nǚ

female

женщина

女人 nǚrén	woman	женщина
女生 nǚshēng	girl	девочка

女 女 女 女 女 女 女 女 女

最后一笔"一"与"丿"的顶端相接。

The top of the last stroke, horizontal one joins the second one, left-falling one.

Последняя черта 一 соединяется с верхним концом 丿.

25 我 wǒ

I, me

я

我们 wǒmen	we	мы
我家 wǒ jiā	my home	моя семья
我妈妈 wǒ māma	my mother	моя мама

我 我 我 我 我 我 我 我 我

第二笔"一"要写得长一些。"乀"不要写成"乚"。

The second stroke, horizontal one, is longer. Do not mistake the slant-curve one for the vertical-curved-hook one.

Вторая черта 一 немного длиннее. Не надо писать крюк с наклоном так же, как и в 乚.

㉖ 心
xīn

heart
сердце

| 小心 xiǎoxīn | careful осторожный |
| 中心 zhōngxīn | center центр |

注意三个点儿的不同，第一个点儿是左点"丿"，另外的两个点儿都是右点"丶"。

Pay attention to the differences among the three point strokes. The first is to the left and the other two are to the right.

Обратите внимание на разницу в написании трех точек: первая точка пишется влево, а другие две – вправо.

三、书写练习

Writing Practice
Упражнения на написание иероглифов

1. 请按照笔画数，将笔画数相同的汉字写在相应的线上。

Write the characters with the same number of strokes on the appropriate lines.

Запишите иероглифы по количеству черт в соответствующей строке.

七 儿 北 电 见 巳 也 马 车 东 去 幺 已

女 山 出 了 子 手 水 长 四 西 我 心 小

2画 七，儿，了

3画 己，也，马，幺，巳，女，山，子

4画 见，车，手，水，长，心，小

5画 北，电，东，去，出，四

6画 西

7画 我

2. 看 拼 音 写 词 语。

Write the words according to *pinyin*.

Запишите слова в иероглифах по транскрипции «пиньинь»:

A. mǎi le yì běn shū _____ (have bought a book, купил одну книгу)

B. nǚ'ér _____ (daughter, дочь)

C. xiǎoxīn _____ (careful, осторожный)

D. sìyuè _____ (April, апрель)

E. mǎi dōngxi _____ (go shopping, ходить за покупками)

F. běnzi _____ (book, тетрадь)

G. zìjǐ _____ (self, сам)

H. huǒchē _____ (train, поезд)

I. chūkǒu _____ (exit, выход)

J. zàijiàn _____ (bye, до свиданья)

四、认读练习

Identifying and Reading Practice

Упражнения на распознавание и чтение иероглифов

1. 认 读 词 语：两 人 一 组，一 个 人（A）读 序 号 为 单 数 号 1、3、5、7、……25 的 词 语，另 一 个 人 （B）读 双 数 号 2、4、6、8……26 的 词 语。

Identify and read words: working in pairs, one (A) reads odd-numbered words and the other (B) reads even-numbered words.

Распознавание и чтение слов. Упражнение в паре: объединитесь в группы по два человека, один человек (A) читает слова под нечетными номерами 1, 3, 5, 7 и так до 25, а другой человек (B) – под четными номерами 2, 4, 6, 8 и так до 26.

给学生的提示：

如果你的同伴念错了，或者忘了，你可以轻轻地提醒他（她）。如果你们都忘了字词的读音和意思，请看看"二、学写汉字"的内容。

Note to the students: if your partner misreads or forgets the word, you can remind him or her in a low voice. If both of you forget the pronunciation and meaning, refer to "II. Learn to Write Chinese Characters".

Студенту: если одноклассник прочитал неверно или забыл, как читается, вы можете потихоньку подсказать ему, если же вы оба забыли чтение и значение, то можно заглянуть в часть «2. Учимся писать иероглифы».

❶	山：山上　爬山　山里	❷	出：出口　出去
❸	了：买了一本书　走了	❹	子：本子　刀子
❺	手：手机	❻	小：小学　小学生
❼	水：热水　水果	❽	长：很长　长城
❾	四：四月　星期四	❿	西：西边　西门
⓫	七：二十七　七月	⓬	儿：儿子　女儿
⓭	也：也买　也很好	⓮	北：北京　北边
⓯	电：电话　电视	⓰	见：再见　看见　见面
⓱	己：自己	⓲	已：已经
⓳	马：骑马　马上	⓴	车：火车　汽车　车站
㉑	东：东边　东门　东西	㉒	去：出去　去银行　去年
㉓	么：什么　怎么　怎么样	㉔	女：女人　女生
㉕	我：我们　我家　我妈妈	㉖	心：小心　中心

2. 画线连接。请
把左边的词语
与右边对应的
拼音连起来。

Match the words on the left and *pinyin* on the right.

Соедините слова слева с соответствующей транскрипцией «пиньинь» справа.

A

❶	手机	rè shuǐ
❷	长城	zěnmeyàng
❸	星期四	Chángchéng
❹	怎么样	xīngqīsì
❺	热水	pá shān
❻	爬山	shǒujī

B		
❶ 已经		diānhuà
❷ 骑马		chēzhàn
❸ 北京		qí mǎ
❹ 电话		Běijīng
❺ 见面		jiān miàn
❻ 车站		yǐjīng

3. 认读下列句子。

Identify and read the following sentences.

Прочитайте предложения.

❶ 我们在西门见面。

❷ 他马上来。

❸ 我妈妈今天不去银行。

❹ 他们已经走了。

❺ 他儿子是小学生。

❻ 你怎么去办公室？

❼ 今天书店不开门。

❽ 你星期四上课吗 (ma, (an auxilary used at the end of questions)/ вопросительная частица) ？

❾ 我明天去买电话卡。

❿ 我没有 (méiyǒu, do not have/нет, не иметь) 手机。

五、综合练习

Comprehensive Exercises
Общие упражнения

1. 请按照笔画的名称写出相应的笔画。

Write the appropriate strokes according to their names.

Напишите черту по транскрипции «пиньинь».

1 shù gōu _____ 2 piě diǎn _____

3 shù wān gōu _____ 4 xié gōu _____

5 shù zhé _____ 6 shù tí _____

7 shù zhé zhé gōu _____ 8 piě zhé _____

9 shù wān _____ 10 wǒ gōu _____

2. 给下列汉字加上两笔，组成新汉字。

Form new Chinese characters by adding two strokes.

Добавьте к иероглифу черту и получите новый иероглиф.

Example 一 + (一、丨) = 干

1 力: _____ 2 天: _____

3 日: _____ 4 大: _____

5 十: _____ 6 上: _____

7 人: _____ 8 口: _____

3. 看拼音填词
语。把下列词
语填写在对应
的拼音后边。

Write the words on the lines according to *pinyin*.

Заполните скобки словами по транскрипции «пиньинь».

北门 出去 山里 儿子 一下儿 马上 太长了 中心

1 mǎshàng _____

2 zhōngxīn _____

3 běimén _____

4 yíxiàr _____

5 shānli _____

6 tài cháng le _____

7 chū qù _____

8 érzi _____

4. 请你用今天学
过的字（包括
写和认的）组
词，写在下面
的表格里。写
完后与同伴交
流一下，看看
谁写得又多又
好；然后互相
学习，把自己
没写出来的汉
字补充进来。

Form words with the characters learned today (including both the learned to write and to read ones) and write them down in the following table. Then check with your partner and see who writes more characters correctly. Then learn from each other and add what is missed in your box.

Составьте слова из изученных сегодня иероглифов (включая те, что вы можете записать и распознать) и запишите их в таблицу. Затем обменяйтесь записями с одноклассником и посмотрите, у кого написано больше и лучше. Поучитесь друг у друга, добавив иероглифы, которые вы сначала не записали.

给学生的提示：
没学过的或者认读的字可以写拼音，如果是学写的字就必须用汉字。

Note to the students: *pinyin* is allowed for what haven't been learned and have learned to read. But only characters are allowed for what have been learned to write.

Студенту: если вы не изучали какой-то иероглиф, но знаете, как он читается, можно записать его чтение в транскрипции «пиньинь»; если же вы проходили этот иероглиф, то его нужно обязательно записать в иероглифике.

六、课后作业

After-class Assignments
Домашняя работа

1. 打字练习。请在电脑上打出下列词语。

Practice typing. Type the following words on your computer.

Упражнение на ввод иероглифов. Наберите на компьютере следующие слова.

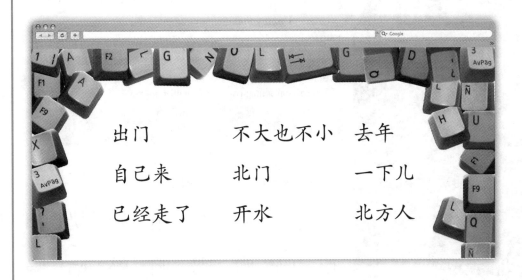

出门　　不大也不小　去年

自己来　　北门　　一下儿

已经走了　开水　　北方人

2. 街头汉字。读一读，记一记。

Chinese characters on the street. Read and remember.

Иероглифы на улице. Прочитайте и запомните.

公共卫生间 (gōnggòng wèishēngjiān)
Public Toilet　Туалет

学习目标

Objectives
Цели урока

1 学习5个偏旁。

Learn 5 radicals.
Изучить сложные горизонтальные черты.

女　口　日　目　月

2 学写30个汉字。

Learn to write 30 characters.
Научиться писать 30 иероглифов.

tā	xìng	mā	hǎo	jiě	mèi	nǎi	rú	jiào	tīng
她	姓	妈	好	姐	妹	奶	如	叫	听

chī	ma	ne	ba/bā	zán	nǎ	chàng	hē	zhī	míng
吃	吗	呢	吧	咱	哪	唱	喝	知	明

shí	zuó	wǎn	yǎn	shuì	péng	dù	pàng	fú	qī
时	昨	晚	眼	睡	朋	肚	胖	服	期

3 认读50个词语。

Learn to read 50 words.
Распознавать и читать 50 слов.

汉字知识

Knowledge of Chinese Characters
Иероглифические знания

Structural Relationships of Compound Characters (1) —Left-right Structure

Compound characters are those composed of two or more independent components. Most Chinese characters are compound ones.

According to how components form characters in terms of the spatial structure, the characters can be divided into those structured with left and right, upper and lower, inside and outside, and those with special structure. Among them, those

Структура составных иероглифов
1) структура слева направо

Составные иероглифы – иероглифы, которые состоят из двух и более самостоятельных элементов и составляют большинство китайских иероглифов.

Пространственную структуру элементов составных иероглифов можно разделить на структуру слева направо, структуру сверху вниз, охватывающую структуру и особую структуру, среди них структуры слева направо и сверху

structured with left and right and upper and lower account for over 80% of the Chinese characters. In character learning, it is necessary to analyze the structure of a compound character and its components.

The basic structure of the left-right-structured character is as follows:

There are other structures:

How to Wirte Left-right-structured Characters

In writing, the two parts of a left-right-structured character should be close to each other and usually the left one is thinner. Otherwise, the two parts will become two independent characters.

вниз занимают 80% всех иероглифов. При изучении иероглифов сначала анализируют вид структуры, а потом смотрят, из каких частей он состоит. Схема структуры слева направо:

Другие виды структуры слева направо:

Написание иероглифов структуры слева направо

Нужно обратить внимание на то, что обе части иероглифа находятся очень близко друг от друга, к тому же, левая часть часто пишется очень вытянуто; если части будут находиться слишком далеко друг от друга, то получатся два отдельных иероглифа.

一、学写偏旁

Learn to Write Radicals
Учимся писать ключи

下列五个汉字既是独立的汉字，也常作偏旁。它们一般多位于左右结构汉字的左边，但是也出现在一小部分汉字的右边。

The following 5 characters can also be used as radicals. They often appear on the left of left-right-structured characters. Some of them also appear on the right.

Пять нижеследующих иероглифов не только являются отдельными иероглифами, но и могут выступать в качестве ключей. Они, как правило, находятся в левой части структуры слева направо и лишь в редких случаях появляются справа.

①

由 "女" 组成的汉字大都与女性有关。

Characters with the radical 女 are often related to women.

Иероглифы, в состав которых входит ключ 女, в большинстве случаев связаны с женским полом.

nǚzìpáng
女字旁

② 口

kǒuzìpáng
口字旁

由"口"组成的汉字一般与嘴或嘴的动作有关。

Characters with the radical 口 are usually related to mouth or oral movement.

Иероглифы, в состав которых входит ключ 口 , как правило, связаны со ртом или движениями рта.

③ 日

rìzìpáng
日字旁

由"日"组成的汉字大都与太阳有关。

Characters with the radical 日 are mostly related to the sun.

Иероглифы, в состав которых входит ключ 日 , как правило связаны с солнцем.

④ 目

mùzìpáng
目字旁

由"目"组成的汉字大都与眼睛或眼睛的动作有关。

Characters with the radical 目 are mostly related to eyes or their movements.

Иероглифы, в состав которых входит ключ 目 , как правило, связаны с глазами или движениями глаз.

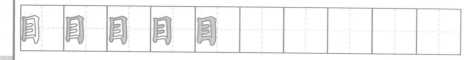

⑤ 月

yuèzìpáng
月字旁

由"月"组成的汉字一般与月亮、日期有关，有些字也跟人体有关。

Characters with the radical 月 are usually related to the moon or dates. Some are related to human bodies.

Иероглифы, в состав которых входит ключ 月 , как правило связаны с луной, датой; некоторые иероглифы связаны с человеческим организмом.

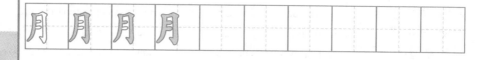

二、学写汉字

Learn to Write Chinese Characters
Учимся писать иероглифы

请按照正确的笔顺在田字格中写出下列汉字。

Write the following characters in the writing grid according to the proper stroke order.

Впишите иероглифы в клеточки в соответствии с правильным порядком черт.

① tā 她 〈 女 也
she, her
она

她们 tāmen — they (of female) они (женского пола)

② xìng 姓 〈 女 生
surname
фамилия

姓名 xìngmíng — full name фамилия и имя

③ mā 妈 〈 女 马
mum
мама

妈妈 māma — mum мама

④ hǎo 好 〈 女 子
good
хороший

好看 hǎokàn — good-looking красивый
好吃 hǎochī — good in taste вкусный
好听 hǎotīng — Orphean красивый, приятный на слух

⑤ jiě 姐 〈 女 且
older sister
старшая сестра

姐姐 jiějie — older sister старшая сестра
小姐 xiǎojiě — Miss девушка (обращение)

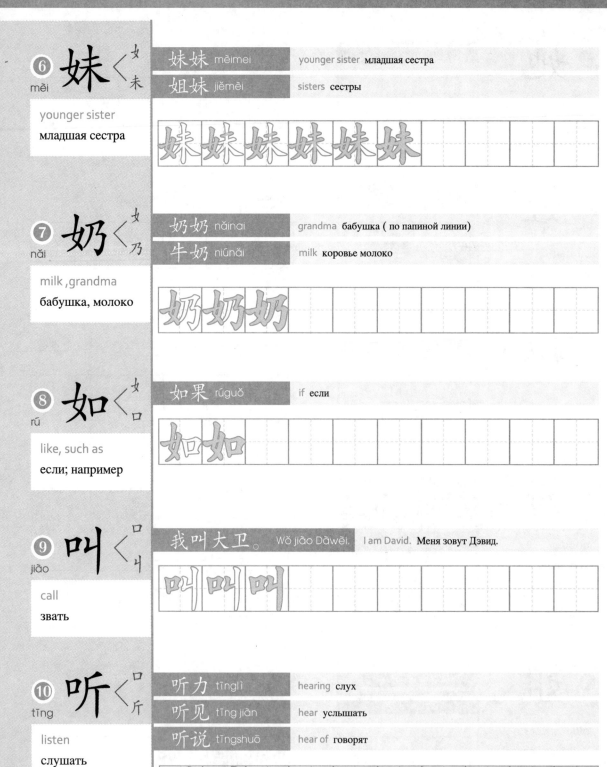

⑥ 妹 mèi　女 / 未

younger sister
младшая сестра

| 妹妹 mèimei | younger sister младшая сестра |
| 姐妹 jiěmèi | sisters сестры |

妹 妹 妹 妹 妹 妹

⑦ 奶 nǎi　女 / 乃

milk, grandma
бабушка, молоко

| 奶奶 nǎinai | grandma бабушка (по папиной линии) |
| 牛奶 niúnǎi | milk коровье молоко |

奶 奶 奶

⑧ 如 rú　女 / 口

like, such as
если; например

| 如果 rúguǒ | if если |

如 如

⑨ 叫 jiào　口 / 丩

call
звать

| 我叫大卫。 Wǒ jiào Dàwèi. | I am David. Меня зовут Дэвид. |

叫 叫 叫

⑩ 听 tīng　口 / 斤

listen
слушать

听力 tīnglì	hearing слух
听见 tīngjiàn	hear услышать
听说 tīngshuō	hear of говорят

听 听

⑪ 吃 〈 口 乞

chī

eat

есть

| 吃饭 chīfàn | have meal есть |

吃 吃 吃 吃

⑫ 吗 〈 口 马

ma

(a particle used at the end of questions)

вопросительная частица

| 是吗? Shì ma? | Is it so? Да? |
| 去吗? Qù ma? | Do you go? Пойдешь? |

吗 吗 吗 吗

⑬ 呢 〈 口 尼

ne

(a particle used in asking questions)

частица

| 你呢? Nǐ ne? | What about you? А ты? |
| 他呢? Tā ne? | What about him? Где он? |

呢 呢 呢 呢 呢 呢

⑭ 吧 〈 口 巴

ba/bā

(a particle used at the end to indicate entreaty, suggestion, command, etc.); bar

вежливая частица; бар, кафе

走吧 zǒu ba	let's go пойдем
酒吧 jiǔbā	bar бар
网吧 wǎngbā	Internet bar Интернет-кафе

吧 吧 吧 吧 吧

⑮ 咱 〈 口 自

zán

I, we

мы

| 咱们 zánmen | we мы, мы с вами |

咱 咱

69

16 哪 nǎ 〈 口 那

which
который

| 哪国人 nǎ guó rén | from which country откуда (из какой страны) |
| 哪儿 nǎr | where где |

哪 哪 哪 哪 哪 哪 哪

17 唱 chàng 〈 口 昌

sing
петь

| 唱歌 chàng gē | sing a song петь |

唱 唱 唱

两个"日"不要写得一样大，上边的细长一点儿，下边的扁一点儿。
The two 日 differ in size with the upper one thinner than the lower one.
Два иероглифа 日 не одинакового размера: верхний – длиннее, а нижний – короче.

18 喝 hē 〈 口 曷

drink
пить

| 喝水 hē shuǐ | drink water пить воду |

喝 喝 喝 喝 喝 喝 喝

19 知 zhī 〈 矢 口

know
знать

| 知道 zhīdào | know знать |

知 知 知 知 知 知

注意口字旁在右边。
Pay attention that 口 is placed on the right.
Обратите внимание, что ключ «рот» справа.

20 明 míng 〈 日 月

bright
ясный, завтра

| 明天 míngtiān | tomorrow завтра |
| 明年 míngnián | next year следующий год |

明 明

㉑ 时 < 日寸

shí

time
время

| 时间 shíjiān | time время |
| 时候 shíhou | moment время |

时 时 时 时

㉒ 昨 < 日乍

zuó

yesterday; past
вчера

| 昨天 zuótiān | yesterday вчера |
| 昨晚 zuówǎn | last night вчера вечером |

昨 昨 昨 昨 昨 昨

㉓ 晚 < 日免

wǎn

night
вечер

| 晚上 wǎnshang | evening вечером |
| 晚饭 wǎnfàn | supper ужин |

晚 晚 晚 晚 晚 晚 晚 晚

㉔ 眼 < 目艮

yǎn

eye
глаза

| 眼睛 yǎnjing | eye глаза |

眼 眼 眼 眼 眼 眼 眼

㉕ 睡 < 目垂

shuì

sleep
спать

| 睡觉 shuìjiào | go to sleep спать |

睡 睡 睡 睡 睡 睡 睡 睡 睡

右边"垂"最下边的横要比上边的短。
The lower horizontal stroke of 垂 is shorter than the upper one.
Последняя черта — иероглифа 垂 короче верхней.

26 朋 〈 月 月
pēng

friend
друг

朋友 péngyou	friend друг
女朋友 nǚpéngyou	girlfriend девушка
男朋友 nánpéngyou	boyfriend молодой человек

朋 朋

27 肚 〈 月 土
dù

stomach
живот

| 肚子 dùzi | stomach живот |
| 肚子疼 dùzi téng | stomachache болит живот |

肚 肚

28 胖 〈 月 半
pàng

fat
толстый

| 很胖 hěn pàng | very fat очень толстый |
| 不胖 bú pàng | not fat нетолстый |

胖 胖 胖 胖 胖 胖

29 服 〈 月 艮
fú

dress
одежда

| 衣服 yīfu | clothes одежда |

服 服 服 服 服

30 期 〈 其 月
qī

period
срок

| 星期 xīngqī | week неделя |
| 日期 rìqī | date дата |

期 期 期 期 期 期 期 期 期

三、书写练习

Writing Practice

Упражнения на написание иероглифов

1. 请写出下列汉字是由哪两部分组成的。

Write the two components that make up the following characters.

Напишите элементы, из которых состоит иероглиф.

Example　妈= ＿＿＿ + ＿＿＿　→ 妈=<u>女</u>+<u>马</u>

❶ 呢= ＿＿＿＿ + ＿＿＿＿　　❷ 服= ＿＿＿＿ + ＿＿＿＿

❸ 奶= ＿＿＿＿ + ＿＿＿＿　　❹ 姓= ＿＿＿＿ + ＿＿＿＿

❺ 如= ＿＿＿＿ + ＿＿＿＿　　❻ 昨= ＿＿＿＿ + ＿＿＿＿

❼ 吧= ＿＿＿＿ + ＿＿＿＿　　❽ 朋= ＿＿＿＿ + ＿＿＿＿

2. 请给下列汉字加上一个偏旁，组成一个左右结构的新汉字。

Add a radical to each of the following characters to form another left-right-structured one.

Добавьте к иероглифу ключ и получите новый иероглиф структуры слева направо.

Example　月 ⟶ 明

❶ 也　❷ 马　❸ 半　❹ 艮

❺ 垂　❻ 免　❼ 那　❽ 乞

❾ 丩　❿ 未

3. 看拼音写汉字。

Write characters according to *pinyin*.

Запишите иероглифы по транскрипции «пиньинь».

Example   xìng (   ) 名 → xìng (姓) 名

1   xiǎojiě (   )

2   dùzi (   )

3   chàng (   ) 歌

4   míngtiān (   )

5   hē shuǐ (   )

6   星 qī (   )

7   zán (   ) 们

8   hǎotīng (   )

四、认读练习

Identifying and Reading Practice

Упражнения на распознавание и чтение

1. 认读词语：两人一组，一个人（A）读序号为单数号1、3、5、7、……29的词语，另一个人（B）读双数号2、4、6、8……30的词语。

Identify and read words: working in pairs, one (A) reads odd-numbered words and the other (b) reads even-numbered words.

Распознавание и чтение слов. Упражнение в паре: один человек (A) читает слова под нечетными номерами 1, 3, 5, 7 и так до 29, а другой человек (B) – под четными номерами 2, 4, 6, 8 и так до 30.

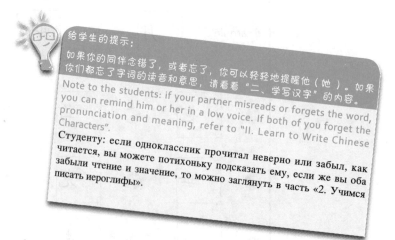

给学生的提示：

如果你的同伴念错了，或者忘了，你可以轻轻地提醒他（她）。如果你们都忘了字词的读音和意思，请看看"二、学写汉字"的内容。

Note to the students: if your partner misreads or forgets the word, you can remind him or her in a low voice. If both of you forget the pronunciation and meaning, refer to "II. Learn to Write Chinese Characters".

Студенту: если одноклассник прочитал неверно или забыл, как читается, вы можете потихоньку подсказать ему, если же вы оба забыли чтение и значение, то можно заглянуть в часть «2. Учимся писать иероглифы».

❶ 她：她们		❷ 姓：姓名	
❸ 妈：妈妈		❹ 好：好看　好吃　好听	
❺ 姐：姐姐　小姐		❻ 妹：妹妹　姐妹	
❼ 奶：奶奶　牛奶		❽ 如：如果	
❾ 叫：我叫大卫。		❿ 听：听力　听见　听说	
⓫ 吃：吃饭		⓬ 吗：是吗？　去吗？	
⓭ 呢：你呢？　他呢？		⓮ 吧：走吧　酒吧　网吧	
⓯ 咱：咱们		⓰ 哪：哪国人　哪儿	
⓱ 唱：唱歌		⓲ 喝：喝水	
⓳ 知：知道		⓴ 明：明天　明年	
㉑ 时：时间　时候		㉒ 昨：昨天　昨晚	
㉓ 晚：晚上　晚饭		㉔ 眼：眼睛	
㉕ 睡：睡觉		㉖ 朋：朋友　女朋友　男朋友	
㉗ 肚：肚子　肚子疼		㉘ 胖：很胖　不胖	
㉙ 服：衣服		㉚ 期：星期　日期	

2. 认读下列句子。

Identify and read the following sentences.

Прочитайте предложения.

❶ 她不姓王，她姓马。

❷ 咱们明天去网吧，好吗？

❸ 你是哪国人？

❹ 我喝<u>咖啡</u>（kāfēi coffee/кофе），不喝牛奶。

❺ 我的朋友明天来。

❻ 你知道她叫什么名字吗？

❼ 她的衣服很好看。

❽ 王小姐很<u>喜欢</u>（xǐhuan like/любить, нравиться）唱歌。

❾ 他昨天晚上十二点才睡觉。

❿ 你什么时候有时间？

3. 认读下列短文。

Identify and read the following passage.
Прочитайте текст.

他姓马，叫马力明。他是中国人。他今年十九岁，是一名大学生。他在北京大学学习英语，他的英文非常好。他有很多朋友，他喜欢唱歌，也喜欢爬山。

五、综合练习

Comprehensive Exercises
Общие упражнения

1. 请按照名称写出相应的偏旁。

Write the appropriate radicals according to their names.
Напишите ключи.

1 nǚzìpáng _____   **2** mǔzìpáng _____   **3** rìzìpáng _____

4 yuèzìpáng _____   **5** kǒuzìpáng _____

2. 选字组词。

Choose characters to form words.

Выберите иероглифы и составьте слова.

Example （a 干 / b 千）什么 →（ⓐ干 / b 千）什么

1 （a 牛 / b 午）奶   **2** 网（a 吧 / b 吗）

3 （a 时 / b 昨）间   **4** 衣（a 报 / b 服）

5 （a 睡 / b 谁）觉   **6** （a 喝 / b 唱）歌

7 （a 知 / b 如）道   **8** （a 朋 / b 明）友

9 （a 很 / b 眼）睛

3. 按拼音组词成句。

Write words and sentences according to *pinyin*.

Составьте предложения из данных слов по транскрипции «пиньинь».

① Tā yǒu yí ge mèimei. 个 有 一 妹妹 她 。

_____

② Wǒ māma míngtiān lái kàn wǒ.

来 我 明天 我妈妈 看。

_____

③ Nǐ měitiān jǐ diǎn shuì jiào? 点 睡觉 你 每天 几 ？

_____

④ Wǒ bù zhīdào tā zuótiān qù nǎr le.

知道 了 他 我 哪儿 不 昨天 去。

_____

⑤ Tā jīntiān dùzi téng, méi lái shàng kè.

没 他 上课 肚子疼 来 今天 。

_____

4. 请写出你知道的带有下列偏旁的汉字。写完后与同伴交流一下，看看谁写得又多又好。然后互相学习，把自己没写出来的汉字补充进来。

Write down characters with the following radicals. Check with your partner and see who writes more correctly. Then learn from each other and add what is missed in your box.

Запишите известные вам иероглифы с нижеследующими ключами. Затем обменяйтесь записями с одноклассником и посмотрите, у кого написано больше и лучше. Поучитесь друг у друга, добавив иероглифы, которые вы сначала не записали.

| Example | 女：__妈、妹_____ |

① 女：_____

② 口：_____

③ 日：_____

④ 目：_____

⑤ 月：_____

给学生的提示：

＊本课学习的汉字都要正确写出来，而且写得越多越好。
＊请把你从同伴那里学到的汉字写在这里。

Note to the students:
* Write all the characters learned in the lesson. The more, the better.
* Write down what you learned from your partner in here.

Студенту:
*Необходимо правильно написать изученные иероглифы, и чем больше, тем лучше.
*Запишите внизу иероглифы, которые вы увидели у одноклассника.

六、课后作业

After-class Assignments
Домашняя работа

1. 打字练习。下列词语都是由学过的字组成的，你知道它们的意思吗？如果不知道，请你先查词典，记住它们的意思，然后在电脑上打出下列词语。

Typing practice. The following words are made up of the learned characters. Do you know their meanings? If not, look them up in the dictionary, memorize the meanings and then type them on your computer.

Упражнение на ввод иероглифов. Нижеследующие слова состоят из изученных иероглифов. Вы знаете, что они означают? Если нет, посмотрите в словарь и запомните их значение, а затем наберите их на компьютере.

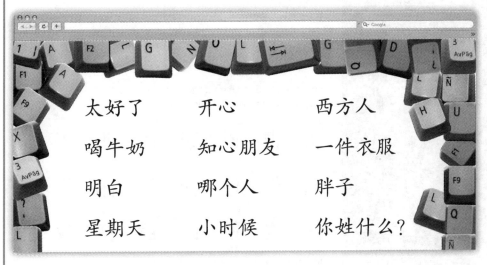

太好了	开心	西方人
喝牛奶	知心朋友	一件衣服
明白	哪个人	胖子
星期天	小时候	你姓什么？

2. 街头汉字。读一读，记一记。

Chinese characters on the street. Read and remember.

Иероглифы на улице. Прочитайте и запомните.

咖啡厅(kāfēitīng)
Coffee Bar　Кафе

第六课 | Lesson УРОК 6

学习目标

Objectives
Цели урока

1 学习3个偏旁。

Learn 3 radicals.
Изучить 3 ключа.

讠 亻 扌

2 学写30个汉字。

Learn to write 30 characters.
Научиться писать 30 иероглифов.

rèn	shí	shuō	huà	cí	kè	yǔ	shuí	jì	qǐng
认	识	说	话	词	课	语	谁	记	请

men	nǐ	tā	shén	xiū	tǐ	zuò	zhù	wèi	jiàn
们	你	他	什	休	体	作	住	位	件

xìn	dàn	biàn	zuò	é	dǎ	zhǎo	bào	bǎ	huàn
信	但	便	做	俄	打	找	报	把	换

3 认读53个词语。

Identify and read 53 words.
Распознавать и читать 53 слова.

汉字知识

Knowledge of Chinese Characters
Иероглифические знания

Components of Chinese Characters

Components are character-forming units made up by strokes and used independently. There are hundreds of components in Chinese but only dozens of them are frequently used. Among the most frequently used are 口, 亻, 扌, etc.

Some components are characters themselves, such as 女, 口, 日, 马, etc. Theses components are called character-forming components. Other components are not characters, such as 讠, 亻, 扌, etc. These

Элементы иероглифов

Элемент – структурная единица иероглифа, которая состоит из черт и может существовать отдельно и выступать в качестве составной части иероглифа. Имеется несколько сотен элементов, но самые распространенные насчитывают лишь несколько десятков. Из наиболее употребительных – ключ «рот», «человек», «вода» и «рука».

Некоторые элементы являются отдельными иероглифами, например, 女 «женщина», 口 «рот», 日 «день», 马 «лошадь» и т.д. Такие элементы

components are called non-character-forming components.

Memorize Characters According to Their Formation (1) Pictographic Formation

There are four major ways of character formation, including pictographic formation, indicative formation, associative formation and pictophonetic formation. Among them, pictographic and indicative characters are mostly single-component ones and associative and pictophonetic characters are compound ones.

The pictographic formation is a character-forming method by which a character denotes the shape of what it refers to. Chinese characters have a several-thousand-year history and the earliest forms were created through this formation. The ancient characters were highly pictographic and the shapes of some can show their meaning. Among the frequently use are 〻（people）, ☉ （the sun）, ☽（the moon）, ㅂ（mouth）, ⛰（mountain）, 門（door）and 火 （fire）. However, along with the evolution and development of characters, they are less and less pictographic.

Memorize Characters According to Their Formation (2) Indicative Formation

The indicative formation is a character-forming method by which abstract symbols are used to express meanings. These characters are divided into two types according to the formation characteristics.

One type of characters are formed only with symbols, such as:

一: ～　二: ≈　三: ≋　上: ⌒　下: ⌄

The other type of characters are formed with abstract symbols added to pictographs, such as:

名称呼ываются «элементы-иероглифы»; некоторые элементы не являются самостоятельными иероглифами, например, 冫 、 亻 、 扌 и называются «элементы- неиероглифы».

Запоминание иероглифов методом образования 1) изобразительный метод образования

Существует четыре метода образования иероглифов: изобразительный, указательный, идеографический и фонетический. Изобразительные и указательные иероглифы – это, в основном, простые иероглифы, а идеографические и фонетические иероглифы – составные. Понимание методов образования иероглифов поможет лучше их запомнить.

Изобразительный метод образования иероглифов – это метод, при котором форма иероглифа напоминает форму предмета. История китайских иероглифов насчитывает несколько тысяч лет. В самом начале иероглифическая письменность была изобразительной. Древнекитайские иероглифы обладали очень сильной изобразительностью: значение иероглифов можно было определить по изображению. К часто встречающимся изобразительным иероглифам относятся: 〻 (человек), ☉ (солнце), ☽ (луна), ㅂ (рот), ⛰ (гора), 門 (дверь), 火 (огонь). Но из-за эволюции и развития изобразительная функция иероглифов постепенно ослабла.

Запоминание иероглифов методом образования 2) Указательный метод образования

Указательный метод образования – это когда значение иероглифа обозначается абстрактным символом. По особенностям образования такого типа иероглифы делятся на два вида.

Первый вид – это когда в обозначении используются только символы, например,

Второй вид – добавление символа к иллюстрации конкретного предмета, например,

一、学写偏旁

Learn to Write Radicals

Учимся писать ключи

下列三个偏旁，都不能独立成字。它们一般位于左右结构汉字的左边。

The following three radicals cannot appear independently and they are usually on the left of the lefe-right-structured characters.

Три нижеследующих ключа не могут выступать в качестве отдельных иероглифов. Они, как правило, находятся в левой части структуры слева направо.

1

yánzìpáng
言字旁

由"讠"组成的汉字大都与说话有关。

Characters with the radical 讠 are mostly related to speaking.

Иероглифы, в состав которых входит ключ 讠, в большинстве случаев связаны с речью.

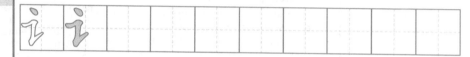

2

dānrénpáng
单人旁

由"亻"组成的汉字大都与人有关。

Characters with the radical 亻 are mostly related to people.

Иероглифы, в состав которых входит ключ 亻, в большинстве случаев связаны с человеком.

3

tíshǒupáng
提手旁

由"扌"组成的汉字大都与手及手的动作有关。

Characters with the radical 扌 are mostly related to hands and their movement.

Иероглифы, в состав которых входит ключ 扌, в большинстве случаев связаны с рукой и движениями руки.

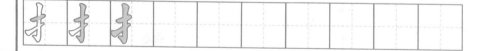

最后一笔是"㇀"，不要写成"一"。

The last stroke is a lift one rather than a horizontal one.

Последняя черта – длинная точка, а не 一.

二、学写汉字

Learn to Write Chinese Characters

Учимся писать иероглифы

请按照正确的笔顺在田字格中写出下列汉字。

Write the following characters in the writing grid according to the proper stroke order.

Впишите иероглифы в клеточки в соответствии с правильным порядком черт.

---

① 认

rèn

recognize

знать

| 认识 rènshi | know знать, знакомиться |

| 认 | 认 | | | | | | | |

---

② 识

shí

know

знать, знания

| 知识 zhīshi | knowledge знания |
| 识字 shí zì | become literate грамотный |

| 识 | 识 | 识 | 识 | | | | | |

---

③ 说

shuō

speak

говорить

| 说汉语 shuō Hànyǔ | speak Chinese говорить по-китайски |
| 说话 shuō huà | talk говорить, разговаривать |

| 说 | 说 | 说 | 说 | 说 | | | | |

---

④ 话

huà

talk

слова, речь

| 电话 diànhuà | telephone телефон |
| 会话 huìhuà | conversation диалог |

| 话 | 话 | 话 | | | | | | |

⑤ **词** ‹ 讠 司
cí
word
слова

| 生词 shēngcí | new word новые слова |
| 词典 cídiǎn | dictionary словарь |

词 词 词 词 词 词

⑥ **课** ‹ 讠 果
kè
class
урок

上课 shāng kè	have a class ходить на занятия
下课 xià kè	class is over заканчивать занятия
课本 kèběn	textbook учебник
课文 kèwén	text текст

课 课 课

⑦ **语** ‹ 讠 吾
yǔ
language
язык (разговорный)

| 汉语 Hànyǔ | Chinese language китайский язык |
| 语法 yǔfǎ | grammar грамматика |

语 语 语

⑧ **谁** ‹ 讠 隹
shuí
who
кто

| 他是谁？ Tā shì shuí? | Who is he? Кто он? |

谁 谁 谁 谁 谁 谁 谁 谁

"隹"一共有四个横，别写成三个。

隹 contains four horizontal strokes rather than three.

В 隹 всего 4 черты 一.

⑨ **记** ‹ 讠 己
jì
remember
запоминать,
записывать

| 日记 rìjì | diary дневник |
| 记住 jìzhù | remember запомнить |

记 记

84

⑩ 请 qǐng 〈 讠 青

please, invite
пожалуйста,
приглашать

请进 qǐng jìn	please come in	пожалуйста, входите
请客 qǐng kè	invite guests, stand treat	приглашать (платить за кого-то)

请 请 请 请 请 请

"青"的上边是三个横，其中，最下边的要长一点。
The upper part of 青 are three horizontal strokes among which the lower one is the longest.
В верхней части иероглифа 青 имеется три черты 一, нижняя из которых самая длинная.

⑪ 们 men 〈 亻 门

(a plurality suffix)
суффикс множес-
твенного числа

我们 wǒmen	we	мы
她们 tāmen	they (of female)	они (женского пола)

们 们

⑫ 你 nǐ 〈 亻 尔

you
ты

你们 nǐmen	you	вы (мн.ч.)
你好 nǐ hǎo	hello	здравствуй, привет

你 你 你 你

⑬ 他 tā 〈 亻 也

he
он

他们 tāmen	they	они (муж пола)

他 他

⑭ 什 shén 〈 亻 十

(an interrogative
pronoun)
что

什么 shénme	what	что
为什么 wèi shénme	why	почему

什 什

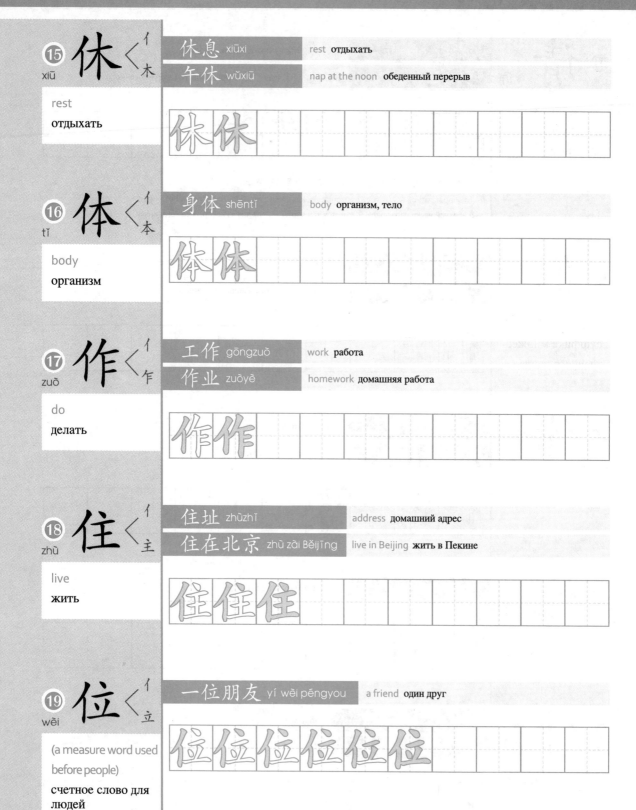

⑮ 休 xiū ⟨亻 木

rest
отдыхать

| 休息 xiūxi | rest отдыхать |
| 午休 wǔxiū | nap at the noon обеденный перерыв |

⑯ 体 tǐ ⟨亻 本

body
организм

| 身体 shēntǐ | body организм, тело |

⑰ 作 zuò ⟨亻 乍

do
делать

| 工作 gōngzuò | work работа |
| 作业 zuòyè | homework домашняя работа |

⑱ 住 zhù ⟨亻 主

live
жить

| 住址 zhùzhǐ | address домашний адрес |
| 住在北京 zhù zài Běijīng | live in Beijing жить в Пекине |

⑲ 位 wèi ⟨亻 立

(a measure word used before people)
счетное слово для людей

| 一位朋友 yí wèi péngyou | a friend один друг |

⑳ 件 ⟨ 亻 牛

jiàn

piece

счетное слово для дел, одежды и т.д.

一件衣服 yí jiàn yīfu　　a piece of clothing　одна одежда, кофта

件 件

㉑ 信 ⟨ 亻 言

xìn

letter

письмо

写信 xiě xìn　　write a letter　писать письмо

信 信 信 信 信 信

右边的"言"中，最上边的横要写得长一点儿。

The upper part of 言 are three horizontal strokes among which the upper one is the longest.

В иероглифе 言 справа самая верхняя черта — пишется немного длиннее.

㉒ 但 ⟨ 亻 旦

dàn

but

но

但是 dànshì　　but　но

但 但 但

㉓ 便 ⟨ 亻 更

biàn

convenient

удобный

方便 fāngbiàn　　convenient　удобный

便 便 便 便 便

㉔ 做 ⟨ 亻 故

zuò

do

делать

做什么 zuò shénme　　what to do　что делать

做饭 zuò fàn　　cook　готовить еду

做 做 做 做 做 做 做

25 ě
俄 〈 亻 我

Russia
русский

| 俄罗斯 Éluósī | Russia Россия |
| 俄语 Éyǔ | Russian русский язык |

俄 俄

26 dǎ
打 〈 扌 丁

beat
бить, ударять

| 打电话 dǎ diànhuà | call звонить |
| 打车 dǎ chē | take a taxi ловить такси |

打 打 打

27 zhǎo
找 〈 扌 戈

look for
искать

| 找工作 zhǎo gōngzuò | look for a job искать работу |

找 找 找 找 找

右边"戈"的最后一笔是撇，不要写成提。
The last stroke of 戈 is a left-falling rather than a lift.
Последняя черта в иероглифе 戈 – ╱, а не длинная точка.

28 bào
报 〈 扌 艮

newspaper
газета

报纸 bàozhǐ	newspaper газета
中国日报 Zhōngguó Rìbào	China Daily Чайна Дейли
北京晚报 Běijīng Wǎnbào	Beijing Evening Пекинская вечерняя газета

报 报 报 报 报

29 bǎ
把 〈 扌 巴

hold, (a measure word for object with a handle)
счетное слово для ножей, стульев и т.д.

| 一把刀子 yì bǎ dāozi | a knife один нож |
| 一把椅子 yì bǎ yǐzi | a chair один стул |

把 把

30 huǎn 换 〈 扌 奐

换钱 huǎn qián　exchange the currency　менять деньги
换车 huǎn chē　change the car　пересадка

change
менять

换 换 换 换 换 换 换

三、书写练习

Writing Practice
Упражнения на написание иероглифов

1. 下边每组有四个汉字，请根据字形挑选出与其它三个不同的一个汉字。

Pick the character different in form from the rest three in each group.

Найдите иероглиф, который отличается от других по форме.

Example　a.明 b.姐 c.妈 d.姓 → ⓐ明 b.姐 c.妈 d.姓

❶ a.课 b.们 c.词 d.认　　❷ a.马 b.牛 c.信 d.天

❸ a.请 b.俄 c.便 d.住　　❹ a.吧 b.打 c.把 d.肥

❺ a.木 b.本 c.来 d.你　　❻ a.朋 b.胖 c.服 d.报

2. 请给下列汉字加上一个偏旁，组成一个左右结构的新汉字。

Add a radical to each of the following characters to form another left-right-structured character.

Добавьте к иероглифу ключ и получите новый иероглиф структуры слева направо.

Example　月 ⟶ 明

❶ 己　❷ 奂　❸ 故　❹ 旦

⑤ 吾   ⑥ 更   ⑦ 舌   ⑧ 主

⑨ 人   ⑩ 立

3. 看拼音写汉字。

Write characters according to *pinyin*.

Запишите иероглифы по транскрипции «пиньинь».

| Example | Māma (   ) → Māma (妈妈) |

❶ shénme (   )   ❷ rènshi (   )

❸ nǐmen (   )   ❹ gōngzuò (   )

❺ Éyǔ (   )   ❻ shàng kè (   )

四、认读练习

Identifying and Reading Practice

Упражнения на распознавание и чтение слов

1. 认读词语：两人一组，一个人（A）读序号为单数号1、3、5、7、……29的词语，另一个人（B）读双数号2、4、6、8……30的词语。

Identify and read words: working in pairs, one (A) reads odd-numbered words and the other (B) reads even-numbered words.

Распознавание и чтение слов. Упражнение в паре: один человек (A) читает слова под нечетными номерами 1, 3, 5, 7 и так до 29, а другой человек (B) – под четными номерами 2, 4, 6, 8 и так до 30.

给学生的提示：

如果你的同伴念错了，或者忘了，你可以轻轻地提醒他（她）。如果你们都忘了字词的读音和意思，请看看"二、学写汉字"的内容。

Note to the students: if your partner misreads or forgets the word, you can remind him or her in a low voice. If both of you forget the pronunciation and meaning, refer to "II. Learn to Write Chinese Characters".

Студенту: если одноклассник прочитал неверно или забыл, как читается, вы можете потихоньку подсказать ему, если же вы оба забыли чтение и значение, то можно заглянуть в часть «2. Учимся писать иероглифы».

1 认：认识
2 识：知识 识字
3 说：说汉语 说话
4 话：电话 会话
5 词：生词 词典
6 课：上课 下课 课本 课文
7 语：汉语 语法
8 谁：他是谁?
9 记：日记 记住
10 请：请进 请客
11 们：我们 她们
12 你：你们 你好
13 他：他们
14 什：什么 为什么
15 休：休息 午休
16 体：身体
17 作：工作 作业
18 住：住址 住在北京
19 位：一位朋友
20 件：一件衣服
21 信：写信
22 但：但是
23 便：方便
24 做：做什么 做饭
25 俄：俄罗斯 俄语
26 打：打电话 打车
27 找：找工作
28 报：报纸 中国日报
北京晚报
29 把：一把刀子
一把椅子
30 换：换钱 换车

2. 认读下列句子。

Identify and read the following sentences.

Прочитайте предложения.

1 你认识她吗?

2 我奶奶今年七十岁，她身体很好。

3 他不是俄罗斯人，但是他会说俄语。

4 王大力的朋友住在北京西边。

5 你妈妈做什么工作?

6 他们今天不休息。

7 她明天下午不上课。

8 他是北京大学的学生。

9 今天的生词不太难 (nán, difficult/сложный, трудный)。

10 你找谁?

91

3. 认读下列短文。

Identify and read the following passage.

Прочитайте текст.

　　她叫<u>安娜</u>（Ānnà, Anna/Анна），是俄罗斯人，在中国工作。她住在北京的东边。她会说汉语，她认识很多中国朋友。星期六、星期天她休息，她很喜欢请朋友来家里吃饭。

五、综合练习

Comprehensive Exercises

Общие упражнения

1. 请按照名称写出相应的偏旁。

Write the appropriate radicals according to their names.

Напишите ключи.

1 tíshǒupáng _____　　**2** yánzìpáng _____　　**3** dānrénpáng _____

2. 填字组词。

Fill in characters to form words.

Заполните пробелы иероглифами и составьте слова.

给学生的提示：

注意箭头的方向，它表示词语中汉字的排列顺序。

Note to the students: pay attention to the directions of the arrowheads, which indicate the arranging order of characters in words.

Студенту: обратите внимание на направление стрелок – они обозначают порядок иероглифов.

Example

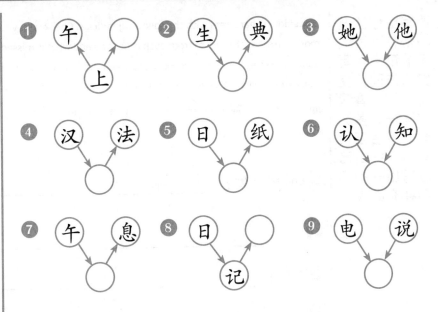

3. 按拼音组词成句。

Write words and sentences according to *pinyin*.

Составьте предложения из данных слов по транскрипции «пиньинь».

① Wǒmen jīntiān méiyǒu Hànyǔ kè.   汉语 没有 我们 课 今天

_____

② Míngtiān wǎnshang tā qǐng yí wèi péngyou chīfàn.

朋友 吃饭 明天 晚上 一位 他 请

_____

③ Xīngqītiān nǐ zuò shénme?   做 你 星期天 什么

_____

④ Wǒ bú rènshi tā jiějie.   不 姐姐 他 认识 我

_____

⑤ Tā jīntiān shēntǐ bú tài hǎo, dànshì méiyǒu xiūxi.

没有 今天 好 休息 不太 但是 身体 他

_____

4. 请写出你知道的带有下列偏旁的汉字。写完后与同伴交流一下，看看谁写得又多又好。然后互相学习，把自己没写出来的汉字补充进来。

Write down characters with the following radicals. Check with your partner, see who writes more correctly. Then learn from each other and add what is missed in your box.

Запишите известные вам иероглифы с нижеследующими ключами. Затем обменяйтесь записями с одноклассником и посмотрите, у кого написано больше и лучше. Поучитесь друг у друга, добавив иероглифы, которые вы сначала не записали.

Example	女： <u>妈、妹</u>

❶ 讠： _____

❷ 亻： _____

❸ 扌： _____

给学生的提示：

＊本课学习的汉字都要正确写出来，而且写得越多越好。
＊请把你从同伴那里学到的汉字写在这里。

Note to the student:
＊ Write all the characters learned in the lesson. The more, the better.
＊ Write down what you learned from your partner in here.

Студенту:
＊ Необходимо правильно написать изученные иероглифы, и чем больше, тем лучше.
＊Запишите внизу иероглифы, которые вы увидели у одноклассника.

六、课后作业

After-class Assignments
Домашняя работа

1. 打字练习。下列词语都是由学过的字组成的，你知道它们的意思吗？如果不知道，请你先查词典，记住它们的意思，然后在电脑上打出下列词语。

Typing Practice. The following words are made up of the learned characters. Do you know their meanings? If not, look them up in the dictionary, remember the meanings and then type them on your computer.

Упражнение на ввод иероглифов. Нижеследующие слова состоят из изученных иероглифов. Вы знаете, что они означают? Если нет, посмотрите в словарь и запомните их значение, а затем наберите их на компьютере.

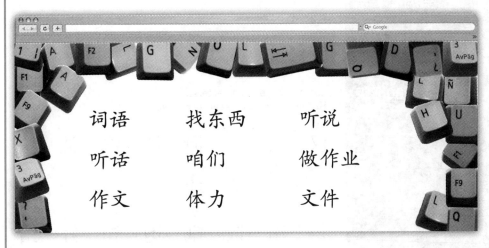

词语	找东西	听说
听话	咱们	做作业
作文	体力	文件

2. 街头汉字。读一读，记一记。

Chinese characters on the street. Read and remember.

Иероглифы на улице. Прочитайте и узнайте.

报名处(bàomíngchù)
Registration　Место регистрации

学习目标

Objectives
Цели урока

1 学习5个偏旁。

Learn 5 radicals.
Изучить 5 ключей.

氵　冫　彳　饣　纟

2 学写30个汉字。

Learn to write 30 characters.
Научиться писать 30 иероглифов.

hàn	méi	jiāng	hé	zhī	qì	yóu	fǎ	xǐ	jiǔ
汉	没	江	河	汁	汽	油	法	洗	酒

kě	hǎi	qīng	bīng	lěng	liáng	cì	hěn	háng/xíng	wǎng
渴	海	清	冰	冷	凉	次	很	行	往

dé	jiē	fàn	è	bǎo	guǎn	hóng	gěi	jīng	liàn
得	街	饭	饿	饱	馆	红	给	经	练

3 认读56个词语。

Identify and read 56 words.
Распознавать и читать 56 слов.

汉字知识

Knowledge of Chinese Characters
Иероглифические знания

Memorize Characters According to Their Formation (3) Associative Formation

The associative formation is a character-forming method by which two or more components with specific meanings are combined to create a character with a new meaning. Such a method can be used to express pictographs that cannot be drawn directly and complicated actions and senses. The proportion of such characters in Chinese is not large. Among the frequently used are:

林 (forest): When two 木 are combined

Запоминание иероглифов методом образования
3) Идеографический метод образования

Идеографический метод образования – это когда две и более части, которые имеют определенное значение, соединяются вместе и составляют новый иероглиф с другим значением. С помощью этого метода можно выразить движения и значения, которые трудно описать и передать напрямую. Иероглифы такого типа занимают небольшую часть. К часто встречающимся идеогра-

to refer to many trees, namely, forest.

休(rest): 亻indicates a person and 木 indicates a tree. Therefore the combination of the two refers to the situation where a person leans against a tree for a rest.

明(bight): The combination of 日 and 月 indicates brightness.

尖(sharp): The upper is 小 and the lower is 大, which depicts the shape.

美(beautiful): The upper is 羊 and the lower is 大. To ancient people, 羊 and 大 in combination mean beautiful.

看(look): The upper is 手 and the lower is 目. Holding his or her hand above the eyes, a person looks into the distance.

Memorizing Characters According to Their Formation (4) Pictophonetic Formation

The pictophonetic formation is a method by which a phonetic radical indicating the pronunciation and a pictographic radical indicating the meaning are combined to form a character. Pictophonetic characters account for a large proportion. For example, 羊, a phonetic radical, indicating the pronunciation, and 氵, a pictographic radical, indicating the meaning, are combined to form 洋, meaning sea. Another example, 草 consists of 艹 at the upper indicating the meaning (grass) and 早 at the lower indicating the pronunciation.

Of course, the function of the pictographic radical in modern Chinese is not infinite but general, vague and uncertain sometimes. Therefore, you should pay attention in the Chinese learning that a pictographic radical may not lead to the specific and precise meaning of a character.

фическим иероглифам относятся:

林 лес: два дерева вместе обозначают много деревьев, что значит лес.

休 отдохнуть: ключ «человек» и ключ «дерево» обозначают, что человек отдыхает, облокотившись на дерево.

明 светлый, ясный: солнце и луна вместе обозначают свет и яркость.

尖 кончик: сверху иероглиф «маленький», а снизу – «большой», таким образом, описывается форма «кончика».

美 красивый: сверху – баран, снизу большой. В понимании древних людей большой баран – это прекрасно.

看 смотреть: вверху «рука», а внизу – «глаз». Человек кладет руку над глазами и смотрит вдаль.

Запоминание иероглифов методом образования 4) Фонетический метод образования

Фонетический метод образования иероглифов – это когда иероглиф составляется из фонетика и смысловой части. Фонетические иероглифы занимают очень большую часть китайских иероглифов. Например, если к фонетику 羊 добавить 氵, получится иероглиф 洋, который будет означать «океан». Или в иероглифе 草 верхняя часть 艹 обозначает траву, а 早 выступает в роли фонетика.

Конечно, смысловая функция смысловых знаков современных иероглифов небезгранична: иногда значение бывает неясным и неточным, поэтому по одному символу нельзя определить правильное значение иероглифа. На это нужно обратить внимание в дальнейшем учебном процессе.

一、学写偏旁

Learn to Write Radicals
Учимся писать ключи

下列五个偏旁，都不能独立成字。它们一般位于左右结构汉字的左边。

The following 5 components cannot appear independently and they are usually on the left of the left-right-structured characters.

Пять нижеследующих ключей не могут выступать в качестве отдельных иероглифов. Они, как правило, находятся в левой части иероглифов структуры слева направо.

①

氵

sāndiǎnshuǐ
三点水

由"氵"组成的汉字大都与水有关。

Characters with the radical 氵 are mostly related to water.

Иероглифы, в состав которых входит ключ 氵, в большинстве случаев связаны с водой.

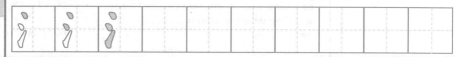

第三笔是"㇀"，不要写成"丿"。

The third stroke is a lift instead of a left-falling.

Третья черта – длинная точка, а не откидная влево.

②

冫

liǎngdiǎnshuǐ
两点水

由"冫"组成的汉字大都与冰冻、寒冷有关。

Characters with the radical 冫 are mostly related to freezing and coldness.

Иероглифы, в состав которых входит ключ 冫, в большинстве случаев связаны с замерзанием и холодом.

③

彳

shuāngrénpáng
双人旁

由"彳"组成的汉字大都与行为、动作或趋向有关。

Characters with the radical 彳 are mostly related to behaviors, actions and tendencies.

Иероглифы, в состав которых входит ключ 彳, в большинстве случаев связаны с поведением, движениями или направлением.

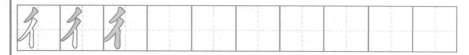

④

饣

shízìpáng
食字旁

由"饣"组成的汉字大都与食物、粮食或吃有关。

Characters with the radical 饣 are mostly related to food, grain or eating.

Иероглифы, в состав которых входит ключ 饣, в большинстве случаев связаны с продуктами питания, зерном или едой.

第二笔是"㇕"，不要写成"一"；第三笔是"㇙"，不要写成"亅"。

The second stroke is a horizontal-hook rather than a horizontal; the third stroke is a vertical-lift rather than a vertical-hook.

Вторая черта – горизонтальная с крюком, а не 一; третья черта – вертикальная с длинной точкой, а не вертикальная с крюком.

⑤

纟

jiǎosīpáng
绞丝旁

由"纟"组成的字大都与丝及织的动作有关。

Characters with the radical 纟 are mostly related to silk and actions of knitting.

Иероглифы, в состав которых входит ключ 纟, в большинстве случаев связаны с шелком и шитьем.

二、学写汉字

Learn to Write Chinese Characters

Учимся писать иероглифы

请按照正确的笔顺在田字格中写出下列汉字。

Write the following characters in the writing grid according to the proper stroke order.

Впишите иероглифы в клеточки в соответствии с правильным порядком черт.

1　汉 〈 氵 又
hàn

Chinese

китайский, хань

| 汉语 | Hànyǔ | Chinese language китайский язык |
| 汉字 | Hànzì | Chinese character китайские иероглифы |

汉　汉

2　没 〈 氵 殳
méi

not

нет, не иметь

| 没有 | méiyǒu | not have нет |

没　没　没　没

3　江 〈 氵 工
jiāng

river

река

| 长江 | Cháng Jiāng | the Yangtze River река Янцзы |
| 江边 | jiāng biān | riverside у реки |

江　江

4　河 〈 氵 可
hé

river

река

| 黄河 | Huáng Hé | the Yellow River река Хуанхэ |
| 一条河 | yì tiáo hé | a river одна река |

河　河　河　河

⑤ 汁 zhī < 氵 十

果汁 guǒzhī | fruit juice фруктовый сок

juice
сок

汁 汁

⑥ 汽 qì < 氵 气

汽车 qìchē | car машина, автомобиль
汽油 qìyóu | gasoline бензин

steam
пар

汽 汽 汽 汽 汽

⑦ 油 yóu < 氵 由

石油 shíyóu | petroleum нефть
加油 jiā yóu | cheer заправиться; давай (приободрение)

oil
масло

油 油 油 油 油 油

⑧ 法 fǎ < 氵 去

语法 yǔfǎ | grammar грамматика
法国 Fǎguó | France Франция

law
способ;французский

法 法

⑨ 洗 xǐ < 氵 先

洗衣服 xǐ yīfu | wash clothes стирать одежду
洗手 xǐ shǒu | wash hands мыть руки
洗澡 xǐ zǎo | take a shower мыться, купаться

wash
мыть, стирать

洗 洗 洗 洗 洗 洗 洗

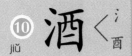
⑩ 酒 jiǔ
〈氵酉

alcoholic drink
вино, алкоголь

啤酒 píjiǔ	beer **пиво**
酒吧 jiǔbā	bar **бар**
喝酒 hē jiǔ	drink alcohol **пить вино, водку**

⑪ 渴 kě
〈氵曷

thirsty
хотеть пить

| 很渴 hěn kě | very thirsty **очень хочется пить** |
| 不渴 bù kě | not thirsty **не хочется пить** |

⑫ 海 hǎi
〈氵每

sea
море

| 上海 Shànghǎi | Shanghai **Шанхай** |
| 海边 hǎibiān | seaside **у моря** |

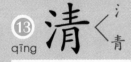
⑬ 清 qīng
〈氵青

clear
ясный

| 清楚 qīngchu | clear **ясный, понятный** |

⑭ 冰 bīng
〈冫水

ice
лед

| 冰箱 bīngxiāng | refrigerator **холодильник** |

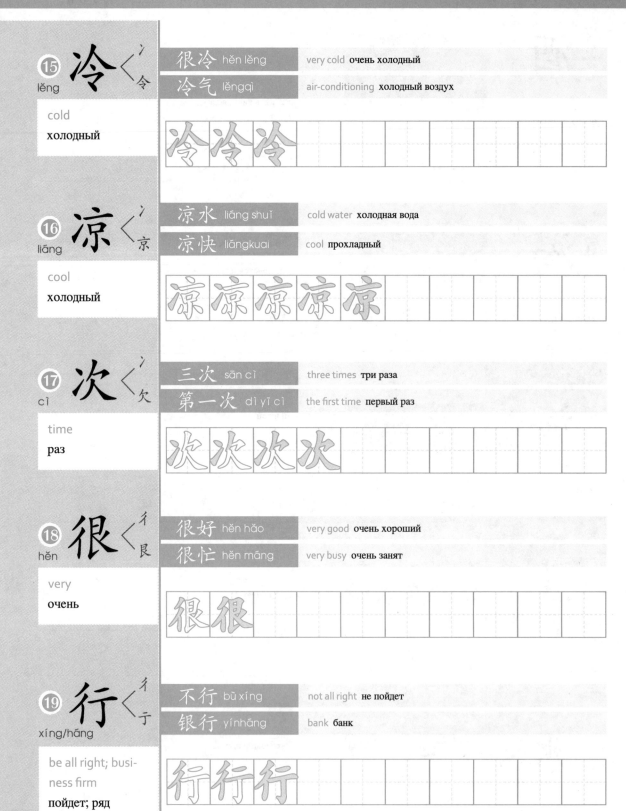

⑮ lěng
冷 〈 冫 令

cold
холодный

| 很冷 hěn lěng | very cold очень холодный |
| 冷气 lěngqì | air-conditioning холодный воздух |

⑯ liǎng
凉 〈 冫 京

cool
холодный

| 凉水 liǎng shuǐ | cold water холодная вода |
| 凉快 liǎngkuai | cool прохладный |

⑰ cì
次 〈 冫 欠

time
раз

| 三次 sān cì | three times три раза |
| 第一次 dì yī cì | the first time первый раз |

⑱ hěn
很 〈 彳 艮

very
очень

| 很好 hěn hǎo | very good очень хороший |
| 很忙 hěn máng | very busy очень занят |

⑲ xíng/háng
行 〈 彳 丁

be all right; business firm
пойдет; ряд

| 不行 bù xíng | not all right не пойдет |
| 银行 yínháng | bank банк |

20 往 〈 彳 主
wǎng

| 往左拐 wǎng zuǒ guǎi | turn to left　повернуть налево |
| 往前走 wǎng qián zǒu | walk forward　пойти прямо |

to

в направлении

往　往

21 得 〈 彳 日 寸
de

| 说得很快 shuō de hěn kuài | speak fast　говорит очень быстро |
| 觉得 juéde | feel　думать, казаться |

(an auxiliary word)

обозначает результат
или степень

得 得 得 得 得 得

22 街 〈 彳 圭 亍
jiē

| 大街 dàjiē | street　проспект |
| 街上 jiēshang | on the street　на улице |

street

улица

街 街 街 街 街

"行"字的中间加上"圭"，注意"圭"最下边的笔画是"㇀"，不是"一"。
Aad 圭 in the middle of 行. The lower stroke is a lift rather than a horizontal.
Посередине иероглифа 行 добавляется 圭, нижняя черта - длинная точка, а не 一.

23 饭 〈 饣 反
fàn

| 吃饭 chī fàn | have a meal　есть |
| 米饭 mǐfàn | rice　вареный рис |

rice

еда

饭 饭 饭 饭 饭

103

24 è
饿 〈 饣 我

hungry
голодный

很饿 hěn è — very hungry очень голодный
不饿 bú è — not hungry не голоден

25 bǎo
饱 〈 饣 包

full
сытый

吃饱了 chī bǎo le — be full наелся

26 guǎn
馆 〈 饣 官

house
гостиница, магазин

饭馆 fànguǎn — restaurant ресторан
茶馆 cháguǎn — teahouse чайная

27 hóng
红 〈 纟 工

red
красный

红色 hóngsè — red красный цвет
红茶 hóngchá — black tea черный чай

28 gěi
给 〈 纟 合

give
предлог кому

送给 sòng gěi — give sth to дарить кому-то
给朋友打电话 gěi péngyou dǎ diànhuà — call a friend звонить другу по телефону

㉙ 经 jīng

exprience; pass through

проходить

已经 yījīng	already уже
经常 jīngcháng	often часто

经　经　经　经

㉚ 练 liàn

practice

тренироваться

练习 liànxí	excercise тренироваться

练　练　练　练　练　练

注意右边是"东"，不要写成"东"。

Pay attention that on the right is 东 rather than 东.

Справа пишется 东, а не 东.

三、书写练习

Writing Practice

Упражнения на написание иероглифов

1. 请写出下列汉字是由哪两部件组成的。

Write the two components that make up the following characters.

Напишите части, из которых состоит иероглиф.

Example 妈＝＿＿＿＋＿＿＿ → 妈＝女＋马

❶ 冷＝＿＿＿＿＋＿＿＿　　❷ 没＝＿＿＿＿＋＿＿＿

❸ 饿＝＿＿＿＿＋＿＿＿　　❹ 往＝＿＿＿＿＋＿＿＿

❺ 饱＝＿＿＿＿＋＿＿＿　　❻ 次＝＿＿＿＿＋＿＿＿

❼ 练＝＿＿＿＿＋＿＿＿　　❽ 汽＝＿＿＿＿＋＿＿＿

105

2. 请给下列汉字加上一个偏旁，组成一个左右结构的新汉字。

Add a component to the following characters to form another left-right-structured character.
Добавьте к иероглифу ключ и получите новый иероглиф структуры слева направо.

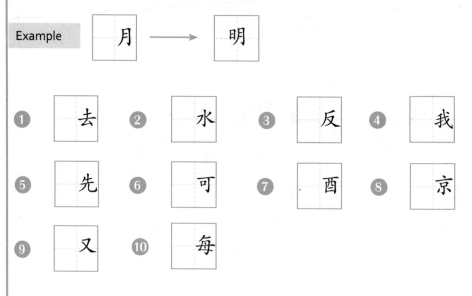

Example 月 ⟶ 明

① 去 ② 水 ③ 反 ④ 我

⑤ 先 ⑥ 可 ⑦ 酉 ⑧ 京

⑨ 又 ⑩ 每

3. 看拼音写汉字。

Write characters according to *pinyin*.
Запишите иероглифы по транскрипции «пиньинь».

Example 学 xí (   ) ⟶ 学 xí (习)

① qīng (   )楚   ② jīng (   )常

③ Hànyǔ (   )   ④ qìchē (   )

⑤ hěn hǎo (   )   ⑥ bīng (   )箱

⑦ liáng shuǐ (   )   ⑧ liànxí (   )

四、认读练习

Identifying and Reading Practice

Упражнения на распознавание и чтение иероглифов

1. 认读词语：两人一组，一个人（Ａ）读序号为单数号1、3、5、7、……29的词语，另一个人（Ｂ）读双数号2、4、6、8……30的词语。

Identify and read words: working in pairs, one (A) reads odd-numbered words and the other (B) reads even-numbered words.

Распознавание и чтение слов. Упражнение в паре: один человек (А) читает слова под нечетными номерами 1, 3, 5, 7 и так до 29, а другой человек (В) – под четными номерами 2, 4, 6, 8 и так до 30.

给学生的提示：

如果你的同伴念错了，或者忘了，你可以轻轻地提醒他（她）。如果你们都忘了字词的读音和意思，请看看"二、学写汉字"的内容。

Note to the students: if your partner misreads or forgets the word, you can remind him or her in a low voice. If both of you forget the pronunciation and meaning, refer to "II. Learn to Write Chinese Characters".

Студенту: если одноклассник прочитал неверно или забыл, как читается, вы можете потихоньку подсказать ему, если же вы оба забыли чтение и значение, то можно заглянуть в часть «2. Учимся писать иероглифы».

① 汉：汉语 汉字		② 没：没有	
③ 江：长江 江边		④ 河：黄河 一条河	
⑤ 汁：果汁		⑥ 汽：汽车 汽油	
⑦ 油：石油 加油		⑧ 法：语法 法国	
⑨ 洗：洗衣服 洗手 洗澡		⑩ 酒：啤酒 酒吧 喝酒	
⑪ 渴：很渴 不渴		⑫ 海：上海 海边	
⑬ 清：清楚		⑭ 冰：冰箱	
⑮ 冷：很冷 冷气		⑯ 凉：凉水 凉快	
⑰ 次：三次 第一次		⑱ 很：很好 很忙	
⑲ 行：不行 银行		⑳ 往：往左拐 往前走	
㉑ 得：说得很快 觉得		㉒ 街：大街 街上	
㉓ 饭：吃饭 米饭		㉔ 饿：很饿 不饿	
㉕ 饱：吃饱了		㉖ 馆：饭馆 茶馆	
㉗ 红：红色 红茶		㉘ 给：送给 给朋友打电话	
㉙ 经：已经 经常		㉚ 练：练习	

2. 认读下列句子。

Identify and read the following sentences.

Прочитайте предложения.

① 今天天气很冷。

② 他经常自己洗衣服。

③ 我已经吃饱了。

④ 他们今天不去酒吧。

⑤ 我要一瓶（píng, bottle/бутылка）凉啤酒。

⑥ 他走得很快。

⑦ 他在上海学习汉语。

⑧ 这是他第一次来中国。

⑨ 他送给我一本书。

⑩ 我渴了，想喝水。

3. 认读下列短文。

Identify and read the following passage.

Прочитайте текст.

中国有两条有名的（yǒumíng de, famous/известный）大河，一条是黄河，一条是长江。黄河在中国的北方，长江在中国的南方。

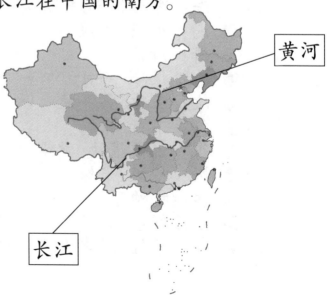

黄河

长江

五、综合练习

Comprehensive Exercises
Общие упражнения

1. 请按照名称写出相应在的偏旁。

Write the apropriate radicals.

Напишите ключи.

1 liǎngdiǎnshuǐ _____　2 sāndiǎnshuǐ _____　3 shízìpáng _____

4 shuāngrénpáng _____　5 jiǎosīpáng _____

2. 选字组词。

Choose characters to form words.

Выберите иероглифы и составьте слова.

Example （a 干 / b 千）什么 → （ⓐ 干 / b 千）什么

1 （a 渴 / b 喝）水　　　2 （a 已 / b 己）经

3 （a 果 / b 课）汁　　　4 上（a 每 / b 海）

5 （a 法 / b 洗）国　　　6 （a 俄 / b 饿）语

7 （a 往 / b 住）在　　　8 （a 请 / b 清）楚

9 （a 练 / b 经）习　　　10 （a 江 / b 红）色

11 觉（a 得 / b 很）

3. 按拼音组词成句。

Write words and sentences according to *pinyin* .

Составьте предложения из данных слов по транскрипции «пиньинь».

1 Wǒmen jīntiān wǎnshang yǒu yǔfǎ kè.

语法　今天　课　我们　有　晚上

_____

② Tā jīngcháng xīngqītiān gěi māma dǎ diànhuà.

经常　她　电话　给　打　星期天　妈妈

_____

③ Wǒmen jīntiān qù fànguǎn chīfàn ba.

饭馆　去　吧　我们　今天　吃饭

_____

④ Tā xiǎng míngnián qù Shànghǎi xuéxí Hànyǔ.

明年　汉语　想上海　他　学习　去

_____

⑤ Wǒ zuótiān mǎi le yí jiàn hóngsè de yīfu.

一　我　的　红色　买　衣服　了　件　昨天

_____

4. 请写出你知道的带有下列偏旁的汉字。写完后与同伴交流一下，看看谁写得又多又好。然后互相学习，把自己没写出来的汉字补充进来。

Write down characters with the following radicals. Check with your partner, see who writes more correctly. Then learn from each other and add what is missed in your box.

Запишите известные вам иероглифы с нижеследующими ключами. Затем обменяйтесь записями с одноклассником и посмотрите, у кого написано больше и лучше. Поучитесь друг у друга, добавив иероглифы, которые вы сначала не записали.

Example	女：妈、妹

① 氵：_____

② 冫：_____

③ 彳：_____

④ 饣：_____

⑤ 纟：_____

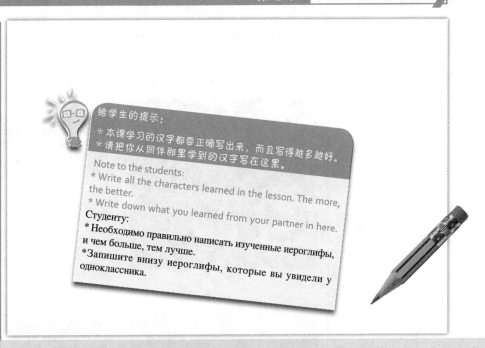

给学生的提示：

＊本课学习的汉字都要正确写出来，而且写得越多越好。
＊请把你从同伴那里学到的汉字写在这里。

Note to the students:
* Write all the characters learned in the lesson. The more, the better.
* Write down what you learned from your partner in here.

Студенту:
* Необходимо правильно написать изученные иероглифы, и чем больше, тем лучше.
* Запишите внизу иероглифы, которые вы увидели у одноклассника.

六、课后作业

After-class Assignments
Домашняя работа

1. 打字练习。下列词语都是由学过的字组成的，你知道它们的意思吗？如果不知道，请你先查词典，记住它们的意思。然后在电脑上打出下列词语。

Typing Practice. The following words are made up of the learned characters. Do you know their meanings? If not, look them up in the dictionary, remember the meanings and then type them on your computer.

Упражнение на ввод иероглифов. Нижеследующие слова состоят из изученных иероглифов. Вы знаете, что они означают? Если нет, посмотрите в словарь и запомните их значение, а затем наберите их на компьютере.

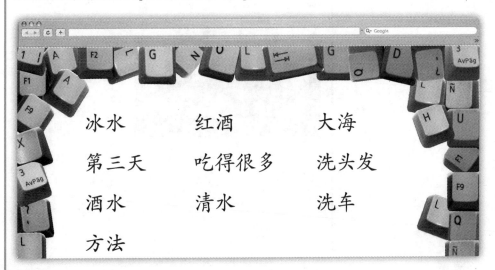

冰水	红酒	大海
第三天	吃得很多	洗头发
酒水	清水	洗车
方法		

2. 街头汉字。
读一读，记一
记。

Chinese characters on the street. Read and remember.

Иероглифы на улице. Прочитайте и запомните.

洗衣，干洗、水洗(xǐyī, gānxǐ, shuǐxǐ)
Laundry, Dry-clean, Water-wash
Прачечная: стирка, химчистка и простая чистка

加油站(jiāyóu zhàn)
Gas Station　Заправочная станция

图书馆(túshūguǎn)
Library　Библиотека

第八课 | Lesson УРОК

8

 学习目标

Objectives
Цели урока

1 学习8个偏旁。

Learn 8 character radicals.
Цели урока.

忄 钅 衤 礻 犭 阝 刂 攵

2 学写30个汉字。

Learn to write 30 Chinese characters.
Научиться писать 30 иероглифов.

máng	kuài	pà	xìng	qíng	yín	qián	zhōng	wà	kù
忙	快	怕	性	情	银	钱	钟	袜	裤

qún	lǐ	shì	zhù	gǒu	zhū	yáng	yuàn	nà	dōu
裙	礼	视	祝	狗	猪	阳	院	那	都

yóu	bié	dào	kè	jù	guā	jiāo	fàng	shù/shǔ	shōu
邮	别	到	刻	剧	刮	教	放	数	收

3 认读52个词语。

Identify and read 52 words.
Распознавать и читать 52 слова.

 汉字知识

Knowledge of Chinese Characters
Иероглифические знания

The Components Derived from Single-component Characters

Some single-component characters can be used as components of characters, such as 口, 日, 是, etc. Some components are derived from single-component characters, such as:

Составные элементы, произошедшие из простых иероглифов

Некоторые простые иероглифы могут напрямую выступать элементами иероглифов, например, 口, 日, 是 и т.д., а некоторые элементы получены с помощью изменения простого иероглифа. Например,

人—亻：他、们、你
食—饣：饭、饿、馆
手—扌：打、提、推
犬—犭：猫、狗、猪

水—氵：江、汉、河
言—讠：语、课、认
衣—衤：衬、衫、裙

金—钅：针、钟、铁
心—忄：惊、情、快
示—礻：社、神、礼

Ways of Memorizing Compound Characters by the Components

The internal structure of a character is hierarchical. Characters, components and strokes are the structural units on the three levels. Their relationships can be expressed through the following table:

Character	Component	Stroke
汉	氵	丶丶丿
	又	𠃌\

Therefore, the following easy and practical ways can be used in memorizing component characters:

1. Division. A few compound characters that are complicated and difficult to remember can be divided into components. For example, 数 can be divided into the three components of 米, 女 and 攵 for easier memorizing.

2. Addition. A component can be added to a learned character to form a new one. For example, 又 is added in the middle of 村 to form 树.

Запоминание составных иероглифов по элементам

Внутренняя структура иероглифов делится на уровни. «Иероглиф – элемент – черта» - это три уровня формы китайского иероглифа. Связь между ними отображает нижеследующая таблица:

Иероглиф	Элемент	Черта
汉	氵	丶丶丿
	又	𠃌\

Запоминая составные иероглифы, можно воспользоваться следующими простыми и практичными методами:

1. «Разбор иероглифа»: если разделить сложный, трудно запоминающийся иероглиф на несколько элементов, его можно упростить. Например, иероглиф 数 можно разделить на три части: 米, 女 и 攵".

2. Добавление иероглифа: с помощью добавления элемента получается новый иероглиф. Например, если между элементами иероглифа 村 добавить 又, то получится 树 «дерево».

一、学写偏旁

Learn to Write Radicals
Учимся писать ключи

下列偏旁都不能独立成字，通常与其它部件构成左右结构的汉字。"忄、钅、礻、衤、犭"一般位于左右结构汉字的左边；"阝"既有位于右边的，又有位于左边的；而"刂、攵"则一般位于右边。

The following radicals can not appear independently and they are usually used together with other components to form left-right-structured characters. 忄, 钅, 礻, 衤 and 犭 are usually placed on the left; 阝 can be placed on the left and right; 刂 and 攵 are often placed on the right. Нижеследующие ключи не могут выступать в качестве отдельных иероглифов. Они часто образуют иероглифы структуры слева направо с другими частями. Ключи 忄, 钅, 礻, 衤, 犭, как правило, находятся слева; 阝 - справа и слева; а 刂 и 攵 – справа.

①

忄

shùxīnpáng
竖心旁

由"忄"组成的汉字大都与内心活动有关。
Characters containing 忄 are mostly related to mental activites.

Иероглифы, в состав которых входит ключ 忄, в большинстве случаев связаны с психологической активностью.

左边的是"丶"，不要写成"丿"。
On the left is a point stroke rather than a left-falling stroke.

Слева пишется точка, а не откидная влево.

②

钅

jīnzìpáng
金字旁

由"钅"组成的汉字大都与金属有关。
Characters containing 钅 are mostly related to metal.

Иероглифы, в состав которых входит ключ 钅, в большинстве случаев связаны с металлом.

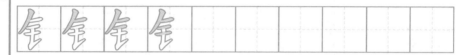

③

衤

yīzìpáng
衣字旁

由"衤"组成的汉字大都与衣服有关。
Characters containing 衤 are mostly related to clothes.

Иероглифы, в состав которых входит ключ 衤, в большинстве случаев связаны с одеждой.

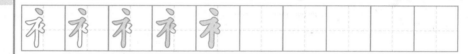

④

礻

shìzìpáng
示字旁

由"礻"组成的汉字大都与鬼神、祭祀及精神有关。
Characters containing 礻 are mostly related to ghosts, gods, sacrifice and spirit.

Иероглифы, в состав которых входит ключ 礻, в большинстве случаев связаны с душой, пожертвованиями и духом.

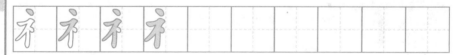

注意不要写成"衤"。
Pay attention that do not mistake it for 衤.

Не путайте с 衤.

⑤

犭

quǎnzìpáng
犬字旁

由"犭"组成的汉字大都与动物有关。
Characters containing 犭 are mostly related to animals.

Иероглифы, в состав которых входит ключ 犭, в большинстве случаев связаны с животными.

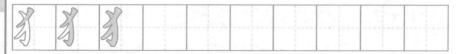

第三笔的"丿"只是与"亅"相接，但不要相交。
The third stroke, a left-falling one, and the curved hook join rather than cross each other.

Третья черта – откидная влево – соединяется с крюком, а не пересекается.

⑥ 阝

shuāng'ěrpáng
双耳旁

由右"阝"组成的汉字一般与城镇、地名有关；由左"阝"组成的字一般与山或山形有关。

Characters containing 阝 on the right are usually related to towns or names of places and those containing 阝 on the left are usually related to mountains or shapes of mountains.

Иероглифы, в которых ключ 阝 пишется справа, обычно связаны с городами и географическими названиями; иероглифы, в которых ключ 阝 пишется слева, обычно связаны с горами и формами гор.

⑦ 刂

lìdāopáng
立刀旁

由"刂"组成的汉字一般与刀有关。

Characters containing 刂 are usually related to knives.

Иероглифы, в состав которых входит ключ 刂, в большинстве случаев связаны с ножом.

⑧ 攵

fǎnwénpáng
反文旁

由"攵"构成的一些汉字多与举手做事有关。

Some characters containing 攵 are related to doing things by holding hands.

Иероглифы, в состав которых входит ключ 攵, в большинстве случаев связаны с подниманием рук и последующими действиями.

二、学写汉字

Learn to Write Chinese Characters

Учимся писать иероглифы

请按照正确的笔顺在田字格中写出下列汉字。

Write the following characters in the writing grid according to the proper stroke order.

Впишите иероглифы в клеточки в соответствии с правильным порядком черт.

① 忙 〈 忄 亡

máng

busy
занят

| 很忙 hěn máng | very busy очень занят |
| 不忙 bù máng | not busy не занят |

2 快 ᠺ 忄夬
kuài

rapid; pleasant
быстрый; веселый

| 很快 hěn kuài | very fast быстрый |
| 快乐 kuàilè | happy веселый |

快 快 快 快 快

3 怕 ᠺ 忄白
pà

fear
бояться

| 不怕 bú pà | fearless не бояться |

怕 怕

4 性 ᠺ 忄生
xìng

sex
пол

| 性别 xìngbié | sex пол |

性 性

5 情 ᠺ 忄青
qíng

affection
чувства, эмоции

| 热情 rèqíng | enthusiasm энтузиазм, радушие |
| 爱情 àiqíng | love любовь |

情 情

6 银 ᠺ 钅艮
yín

silver
серебро

| 银行 yínháng | bank банк |

银 银

⑦ 钱 qián 〈 钅 戋

money

деньги

| 多少钱？ | Duōshao qián? | How much? Сколько стоит? |
| 换钱 huàn qián | | exchange the currency менять деньги |

右边的"戋"上边是两个"一"，下边的是"丿"。

At the upper of 戋 are two horizontal strokes and at the lower is a left-falling one.

В элементе 戋 справа пишется две 一, а внизу - откидная влево.

⑧ 钟 zhōng 〈 钅 中

clock

часы

| 十分钟 shí fēnzhōng | ten minutes десять минут |
| 一个钟头 yí ge zhōngtóu | one hour один час |

⑨ 袜 wà 〈 衤 末

sock

носки, чулки

| 袜子 wàzi | sock носки, чулки |
| 一双袜子 yì shuāng wàzi | a pair of socks одна пара носок |

⑩ 裤 kù 〈 衤 库

pants

брюки

| 裤子 kùzi | pants брюки |
| 一条裤子 yì tiáo kùzi | a pair of pants одна пара брюк |

⑪ 裙 qún 〈 衤 君

skirt

юбка

| 裙子 qúnzi | skirt юбка |
| 一条裙子 yì tiáo qúnzi | a skirt одна юбка |

(12) 礼 `lǐ`
`ネ し`

gift; courtesy
этикет

| 礼物 lǐwù | gift 　подарок |
| 一件礼物 yí jiàn lǐwù | a gift 　один подарок |

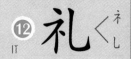

---

(13) 视 `shì`
`ネ 见`

see
смотреть

| 电视 diànshì | TV 　телевизор |

---

(14) 祝 `zhù`
`ネ 兄`

wish
поздравлять, желать

| 祝你生日快乐！ Zhù nǐ shēngrì kuàilè! | Happy birthday! 　**С Днем Рожденья!** |

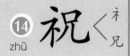

---

(15) 狗 `gǒu`
`犭 句`

dog
собака

| 一只狗 yì zhī gǒu | a dog 　одна собака |

---

(16) 猪 `zhū`
`犭 者`

pig
свинья

| 一头猪 yì tóu zhū | a pig 　одна свинья |
| 猪肉 zhūròu | pork 　свинина |

119

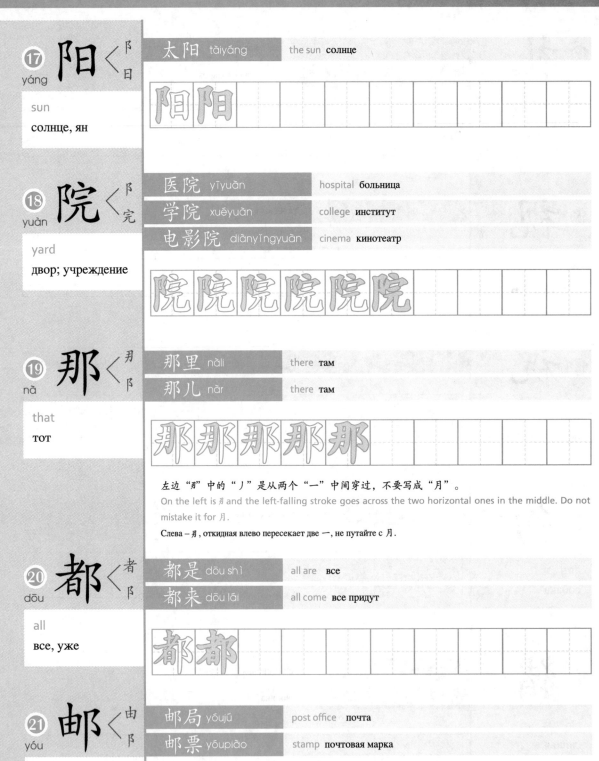

⑰ 阳 yáng 〈 阝 日

sun

солнце, ян

太阳 tàiyáng — the sun солнце

⑱ 院 yuàn 〈 阝 完

yard

двор; учреждение

医院 yīyuàn — hospital больница
学院 xuéyuàn — college институт
电影院 diànyǐngyuàn — cinema кинотеатр

⑲ 那 nà 〈 月 阝

that

тот

那里 nàli — there там
那儿 nàr — there там

左边"月"中的"丿"是从两个"一"中间穿过，不要写成"月"。
On the left is 月 and the left-falling stroke goes across the two horizontal ones in the middle. Do not mistake it for 月.
Слева – 月, откидная влево пересекает две 一, не путайте с 月.

⑳ 都 dōu 〈 者 阝

all

все, уже

都是 dōu shì — all are все
都来 dōu lái — all come все придут

㉑ 邮 yóu 〈 由 阝

mail

почта

邮局 yóujú — post office почта
邮票 yóupiào — stamp почтовая марка

120

22 别 〈 另刂
biē

other
другой

| 别的 biéde | other　другой |
| 别人 biérén | other people　другие (люди) |

别 别 别

23 到 〈 至刂
dào

arrive
прибыть

| 来到 láidào | come　прийти, приехать |
| 走到那儿 zǒudào nàr | go over there　дойти до туда |

到 到 到 到 到

"至"的最后一笔不是"一"，是"乀"。

The last stroke of 至 is not a horizontal but a lift.

Последняя черта в иероглифе 至 не 一, а длинная точка.

24 刻 〈 亥刂
kè

quarter; engrave
момент, четверть

| 十点一刻 shí diǎn yí kè | a quarter past ten　15 минут одиннадцатого |

刻 刻 刻 刻 刻 刻 刻

25 剧 〈 居刂
jù

play
опера

| 京剧 Jīngjù | Peking Opera　Пекинская опера |
| 剧院 jùyuàn | theatre　театр |

剧 剧 剧 剧 剧

26 刮 〈 舌刂
guā

blow
дуть

| 刮风 guā fēng | it blows　дует ветер |

刮 刮

㉗ 教 〈 孝 攵
jiāo

teach
учить, преподавать

| 教师 jiāoshī | teacher учитель |
| 教室 jiāoshì | classroom аудитория |

㉘ 放 〈 方 攵
fàng

put
класть; освободить

| 放在哪儿 fàng zài nǎr | where to put куда положить |
| 放假 fàng jià | take a holiday каникулы |

㉙ 数 〈 娄 攵
shù/shǔ

number; count
число/считать

| 数字 shùzì | number одежда |
| 数一数 shǔ yi shǔ | count посчитайте |

㉚ 收 〈 丩 攵
shōu

receive
получать

| 收信人 shōuxìnrén | mail receiver получатель письма |
| 收入 shōurù | income доход |

122

三、书写练习

Writing Practice

Упражнения на написание иероглифов

1. 下边每组有四个汉字，请根据字形挑选出与其它三个不同的一个汉字。

Pick the character different from the rest three in form in each group.

Найдите иероглиф, который отличается от других по форме.

Example a.明 b.姐 c.妈 d.姓 →(a.)明 b.姐 c.妈 d.姓

① a. 清 b. 猪 c. 情 d. 请　② a. 裤 b. 袜 c. 祝 d. 裙

③ a. 汁 b. 什 c. 住 d. 针　④ a. 很 b. 眼 c. 得 d. 银

⑤ a. 馆 b. 雨 c. 昨 d. 刮　⑥ a. 都 b. 猪 c. 刻 d. 再

2. 请给下列汉字加上一个偏旁，组成一个左右结构的新汉字。

Add a radical to each of the following characters to form another left-right-structured character.

Добавьте к иероглифу ключ и получите новый иероглиф структуры слева направо.

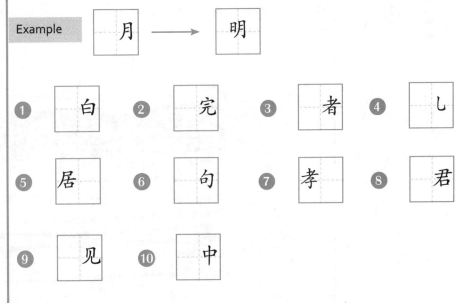

Example 月 ⟶ 明

① 白　② 完　③ 者　④ し

⑤ 居　⑥ 句　⑦ 孝　⑧ 君

⑨ 见　⑩ 中

123

3. 看拼音写汉字。

Write characters according to *Pinyin*.

Запишите иероглифы по транскрипции «пиньинь».

Example māma (　　) → māma (**妈妈**)

① yínháng (　　　　)　　② huàn qián (　　　　)

③ wàzi (　　　　)　　④ tàiyáng (　　　　)

⑤ diànshì (　　　　)　　⑥ nǎr (　　　　)

⑦ xìngbié (　　　　)　　⑧ hěn kuài (　　　　)

⑨ bú pà (　　　　)　　⑩ yí ge zhōngtóu (　　　　)

四、认读练习

Identifying and Reading Practice

Упражнения на распознавание и чтение иероглифов

1. 认读词语：
两人一组，
一个人（A）
读序号为单数
号1、3、5、
7、……29的
词语，另一个
人（B）读双
数号2、4、
6、8……30
的词语。

Identify and read words: working in pairs, one (A) reads odd-numbered words and the other (B) reads even-numbered words.

Распознавание и чтение слов. Упражнение в паре: один человек (А) читает слова под нечетными номерами 1, 3, 5, 7 и так до 29, а другой человек (В) – под четными номерами 2, 4, 6, 8 и так до 30.

给学生的提示：

如果你的同伴念错了，或者忘了，你可以轻轻地提醒他（她）。如果你们都忘了字词的读音和意思，请看看"二、学写汉字"的内容。

Note to the students: if your partner misreads or forgets the word, you can remind him or her in a low voice. If both of you forget the pronunciation and meaning, refer to "II. Learn to Write Chinese Characters".

Студенту: если одноклассник прочитал неверно или забыл, как читается, вы можете потихоньку подсказать ему, если же вы оба забыли чтение и значение, то можно заглянуть в часть «2. Учимся писать иероглифы».

① 忙：很忙 不忙		② 快：很快 快乐	
③ 怕：不怕		④ 性：性别	
⑤ 情：热情 爱情		⑥ 银：银行	
⑦ 钱：多少钱？ 换钱		⑧ 钟：十分钟 一个钟头	
⑨ 袜：袜子 一双袜子		⑩ 裤：裤子 一条裤子	
⑪ 裙：裙子 一条裙子		⑫ 礼：礼物 一件礼物	
⑬ 视：电视		⑭ 祝：祝你生日快乐！	
⑮ 狗：一只狗		⑯ 猪：一头猪 猪肉	
⑰ 阳：太阳		⑱ 院：医院 学院 电影院	
⑲ 那：那里 那儿		⑳ 都：都是 都来	
㉑ 邮：邮局 邮票		㉒ 别：别的 别人	
㉓ 到：来到 走到那儿		㉔ 刻：十点一刻	
㉕ 剧：京剧 剧场		㉖ 刮：刮风	
㉗ 教：教师 教室		㉘ 放：放在哪儿 放假	
㉙ 数：数字 数一数		㉚ 收：收信人 收入	

2. 认读下列句子。

Identify and read the following sentences.

Прочитайте предложения.

① 我去邮局寄（jì send/посылать, отправлять）信。

② 他们八点一刻到教室。

③ 她妈妈在医院工作，非常忙。

④ 我在电视上看过京剧，但是没去剧院看过。

⑤ 今天的报纸放在哪儿了？

⑥ 朋友们都来参加（cānjiā attend/участвовать）她的生日晚会。

⑦ 请问，怎么办（bàn apply for/делать）银行卡？

⑧ 这是你上个月的收入，请数一数。

⑨ 那儿天气太冷了，经常刮大风。

⑩ 咱们快走吧，没有时间了。

3. 认读下列短文。

Identify and read the following passage.

Прочитайте текст.

　　中国有很多银行，如果你走在街上，经常可以看到中国银行、中国工商（gōngshāng industry and commerce／торгово-промышленный）银行，这两个银行都是有名的大银行，你可以在那儿换钱。在中国，星期六、日银行都开门，很方便。

五、综合练习

Comprehensive Exercises

Общие упражнения

1. 请按照名称写出相应的偏旁。

Write the appropriate radicals.

Напишите ключи.

1 shùxīnpáng _____　　**2** lìdāopáng _____　　**3** quǎnzìpáng _____

4 jīnzìpáng _____　　**5** fǎnwénpáng _____　　**6** yīzìpáng _____

7 shuāng'ěrpáng _____　　**8** shìzìpáng _____

2. 下列每组有四个词语，其中一个词语里边有错别字，请你挑出这个词语。

Pick the word with the wrong character from the four in each group.

Найдите слово с неправильным иероглифом.

Example　　a. 下午　b. 地万　c. 女儿　d. 本子 →
　　　　　　a. 下午　ⓑ 地万　c. 女儿　d. 本子

1 a. 长江　　b. 什么　　c. 饱馆　　d. 一共

2 a. 分中　　b. 开门　　c. 热情　　d. 汉语

3 a. 别人　　b. 记住　　c. 邮票　　d. 体息

4 a. 凉水　　b. 明年　　c. 放室　　d. 清楚

3. 按拼音组词成句。

Write words and sentences according to *pinyin*.

Составьте предложения из данных слов по транскрипции «пиньинь».

① Wáng xiǎojiě hěn pà gǒu.　小姐　王　狗　怕　很

② Zhè shuāng wàzi duōshao qián?　钱　多少　这　袜子　双

③ Māma gěi tā mǎi le yì tiáo hóng qúnzi.

买　妈妈　了　她　裙子　红　给　条　一

④ Tā yí ge rén chī niúròu, biérén dōu chī zhūròu.

别人　他　猪肉　一　都　人　吃　个　牛肉　吃

⑤ Wǒmen dōu zhù tā shēngrì kuàilè.

快乐　我们　生日　都　他　祝

4. 请写出你知道的带有下列偏旁的汉字。写完后与同伴交流一下，看看谁写得又多又好。然后互相学习，把自己没写出来的汉字补充进来。

Write down characters with the following radicals. Check with your partner, see who writes more correctly. Then learn from each other and add what is missed in your box.

Запишите известные вам иероглифы с нижеследующими ключами. Затем обменяйтесь записями с одноклассником и посмотрите, у кого написано больше и лучше. Поучитесь друг у друга, добавив иероглифы, которые вы сначала не записали.

Example　女：妈、妹

① 忄：

② 钅：＿＿＿＿＿＿＿＿＿＿＿＿＿＿＿＿＿＿＿＿

③ 礻：＿＿＿＿＿＿＿＿＿＿＿＿＿＿＿＿＿＿＿＿

④ 衤：＿＿＿＿＿＿＿＿＿＿＿＿＿＿＿＿＿＿＿＿

⑤ 犭：＿＿＿＿＿＿＿＿＿＿＿＿＿＿＿＿＿＿＿＿

⑥ 阝：＿＿＿＿＿＿＿＿＿＿＿＿＿＿＿＿＿＿＿＿

⑦ 刂：＿＿＿＿＿＿＿＿＿＿＿＿＿＿＿＿＿＿＿＿

⑧ 攵：＿＿＿＿＿＿＿＿＿＿＿＿＿＿＿＿＿＿＿＿

给学生的提示：

＊本课学习的汉字都要正确写出来，而且写得越多越好。
＊请把你从同伴那里学到的汉字写在这里。

Note to the students:
＊ Write all the characters learned in the lesson. The more, the better.
＊ Write down what you learned from your partner in here.

Студенту:
＊Необходимо правильно написать изученные иероглифы, и чем больше, тем лучше.
＊Запишите внизу иероглифы, которые вы увидели у одноклассника.

六、课后作业

After-class Assignments
Домашняя работа

1. 打字练习。下列词语都是由学过的字组成的，你知道它们的意思吗？如果不知道，请你先查词典，记住它们的意思，然后在电脑上打出来。

Typing Practice. The following words are made up of the learned characters. Do you know their meanings? If not, look them up in the dictionary, remember the meanings and then type them on your computer.

Упражнение на ввод иероглифов. Нижеследующие слова состоят из изученных иероглифов. Вы знаете, что они означают? Если нет, посмотрите в словарь и запомните их значение, а затем наберите их на компьютере.

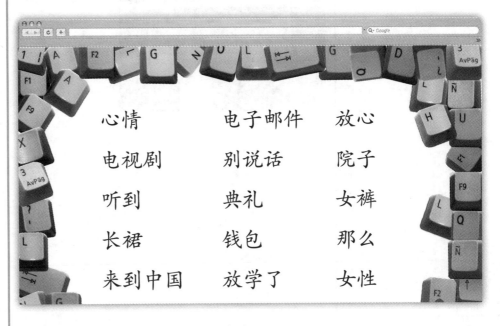

心情	电子邮件	放心
电视剧	别说话	院子
听到	典礼	女裤
长裙	钱包	那么
来到中国	放学了	女性

2. 街头汉字。读一读，记一记。

Chinese characters on the street. Read and remember.

Иероглифы, встречающиеся на улице. Прочитайте и узнайте.

中国银行(Zhōngguó Yínháng)

Bank of China　Банк Китая

邮局(yóujú)
Post Office Почта

剧院(jùyuàn)
Theatre Театр

第九课 | Lesson УРОК 9

学习目标

Objectives
Цели урока

1 学习8个偏旁。

Learn 8 radicals.
Изучить 8 ключей.

子	土	王	木	禾	火	又	足

2 学写30个汉字。

Learn to write 30 characters.
Научиться писать 30 иероглифов.

hái	sūn	dì	kuài	chéng	chǎng	huài	xiàn	wán	qiú
孩	孙	地	块	城	场	坏	现	玩	球

bān	lín	bēi	jī	xiào	yàng	lóu	jí	cūn	hé
班	林	杯	机	校	样	楼	极	村	和

zhǒng	qiū	dēng	shāo	duì	shuāng	nán	pǎo	lù	gēn
种	秋	灯	烧	对	双	难	跑	路	跟

3 认读58个词语。

Identify and read 58 words.
Распознавать и читать 58 слов.

汉字知识

Knowledge of Chinese Characters
Иероглифические знания

The Components Derived from Single-component Characters

Sometimes, the shapes of some strokes in a character are affected by other strokes and undergo some changes for the sake of compactness and beauty as a whole. A few components we usually come across will also change along with the strokes. In the following are a few components whose strokes undergo change of shapes.

1. Horizontal to lift:

When components, such as 子, 土,

Элементы простых иероглифов с измененными чертами

Чтобы сохранить лаконичность и цельную красоту иероглифа, некоторые черты иероглифов иногда могут меняться под влиянием других черт. Также могут видоизменяться некоторые часто встречающиеся элементы иероглифов. Давайте обратимся к примеру измененных элементов.

Горизонтальная заменяется длинной точкой:

车, 工, 王, 立 and so on appear on the left of a character, the last stroke changes from horizontal to lift.

1. Когда такие элементы, как 子, 土, 车, 工, 王, 立 и т д. находятся в левой части иероглифа, последняя черта – горизонтальная - заменяется длинной точкой.

土—块 地 坏　子—孩 孙　车—辆 轮　工—功 攻
马—骑　　　　立—站　　　王—现

2. Right-falling to point:
When such components as 木, 又, 米, 禾 and 人 appear on left of a character, the last stroke changes from right-falling to point.

2. Откидная вправо заменяется точкой:
Когда такие элементы, как 木, 又, 米, 禾, 人 находятся в левой части иероглифа, последняя черта - откидная вправо - заменяется точкой.

木—机 林 村 楼 桥　又—对 双 邓　禾—和 租 种　人—从

3. Left-falling to vertical:
When 月 as a component is placed at the lower of a character, the left-falling stroke changes to a vertical one:

3. Откидная влево заменяется вер-тикальной:
Когда элемента 月 находится в нижней части иероглифа, откидная влево заменяется вертикальной:

月—青 前 背

4. Elongated right-falling:
When such components as 是, 走 and 爪 are placed on the left of a character, the last stroke, a right-falling one, is elongated.

4. Откидная вправо удлиняется
Когда такие элементы, как 是, 走, 爪 и т.д. находятся в левой части иероглифа, последняя черта – откидная вправо – удлиняется.

是—题 匙　走—起 越　爪—爬

一、学写偏旁

Learn to Write Radicals
Учимся писать ключи

下列偏旁都是由独体字变异而来的，它们一般都位于左右结构汉字的左边。当然，它们也可以位于汉字的其它位置，不过放在其他位置时，笔画一般不发生变异。

The following radicals are all derived from single-component characters and usually placed on the left of the left-right-structured characters. Of course, they can be placed on other positions, in which case the strokes do not change.

Данные ключи трансформировались из простых иероглифов, в иероглифах структуры справа налево они, как правило, находятся слева. Они также могут занимать и другие позиции, но при этом черты не меняются.

① 子

zǐzìpáng
子字旁

由"子"组成的汉字一般与小孩有关。

Characters with the radical 子 are usually related to children.

Иероглифы, в состав которых входит ключ 子, как правило, связаны с детьми.

"子"作为偏旁时，最后一笔由"一"变成"㇀"。

When 子 is used as a radical, the last stroke, a horizontal one, changes into a lift one.

Когда иероглиф 子 выступает в качестве ключа, последняя черта 一 пишется, как длинная точка.

② 土

tǔzìpáng
土字旁

由"⼟"组成的字一般与泥土有关。

Characters with the radicl ⼟ are usually related to earth.

Иероглифы, в состав которых входит ключ ⼟, как правило, связаны с землей.

"土"作为偏旁时，最后一笔由"一"变成"㇀"。

When 土 is used as a radical, the last stroke, a horizontal one, changes into a lift one.

Когда иероглиф 土 выступает в качестве ключа, последняя черта 一 пишется, как длинная точка.

③ 王

wǎngzìpáng
王字旁

由"⺩"组成的一些汉字与玉石有关。

Some characters containing ⺩ are related to jade.

Некоторые иероглифы, в состав которых входит ключ ⺩, связаны с яшмой.

"王"作为偏旁时，最后一笔由"一"变成"㇀"。

When 王 is used as a radical, the last stroke, a horizonal one, changes into a lift.

Когда иероглиф 王 выступает в качестве ключа, последняя черта 一 пишется, как длинная точка.

④ 木

mùzìpáng
木字旁

由"⽊"组成的字大都与树木有关。

Characters with the radical ⽊ are mostly related to trees.

Иероглифы, в состав которых входит ключ ⽊, в большинстве случаев связаны с деревом.

"木"作为偏旁时，最后一笔由"㇏"变成"、"。

When 木 is used as a radical, the last stroke changes from a right-falling in to a point.

Когда иероглиф ⽊ выступает в качестве ключа, последняя черта – откидная влево – заменятся на точку.

⑤

hézìpáng
禾字旁

由"禾"组成的汉字一般与农作物有关。

Characters with the radical 禾 are usually related to crops.

Иероглифы, в состав которых входит ключ 禾, в большинстве случаев связаны с сельскохозяйственными культурами.

"禾"作为偏旁时，最后一笔由"㇏"变成"丶"。

When 禾 is used as a radical, the last stroke changes from a right-falling to a point.

Когда иероглиф 禾 выступает в качестве ключа, последняя черта – откидная влево – заменятся на точку.

⑥

huǒzìpáng
火字旁

由"火"组成的汉字大都与火有关。

Characters with the radial 火 are mostly related to fire.

Иероглифы, в состав которых входит ключ 火, в большинстве случаев связаны с огнем.

"火"作为偏旁时，最后一笔由"㇏"变成"丶"。

When 火 is used as a radical, the last stroke changes from a right-falling to a point.

Когда иероглиф 火 выступает в качестве ключа, последняя черта – откидная влево – заменятся на точку.

⑦

yòuzìpáng
又字旁

主要是在汉字简化过程中，用简单的符号"又"代替复杂的偏旁。如鸡、观、戏、邓、难、欢、双等。

Mainly in the process of character simplification, the simple symbol of 又 is used to replace complicated radical, such as 鸡, 观, 戏, 邓, 难, 欢 and 双.

В процессе упрощения иероглифов ключом 又 заменили сложные ключи. Например, 鸡 курица, 观 наблюдать, 戏 игра, 邓 Дэн (фамилия), 难 трудный, 欢 радостный, 双 двойной и т.д.

"又"作为偏旁时，最后一笔由"㇏"变成"丶"。

When 又 is used as a radical, the last stroke changes from a right-falling to a point.

Когда иероглиф 又 выступает в качестве ключа, последняя черта – откидная влево – заменятся точкой.

⑧

zúzìpáng
足字旁

在汉字中，由"𧾷"组成的字大都与脚或脚的动作有关。

Characters with the radical 𧾷 are mostly related to feet or their movement.

Иероглифы, в состав которых входит ключ 𧾷, в большинстве случаев связаны со стопой и движениями стопы.

"𧾷"作为偏旁时，最后两笔由"丿""㇏"变成"丨、㇀"。

When 𧾷 is used as a radical, the last two strokes change from left-falling and right-falling to lift and point respectively.

Когда иероглиф 𧾷 выступает в качестве ключа, последние две черты – откидная влево и откидная вправо – заменяются вертикальной и длинной точкой соответственно.

二、学写汉字

Learn to Write Chinese Characters
Учимся писать иероглифы

请按照正确的笔顺在田字格中写出下列汉字。

Write the following characters in the writing grid according to the proper stroke order.

Впишите иероглифы в клеточки в соответствии с правильным порядком черт.

① 孩 く 子 亥

hái

child

ребенок

| 孩子 háizi | child ребенок |
| 小孩儿 xiǎoháir | child ребенок |

不要写成"刻"。
Do not mistake it for 刻.
Не путайте с иероглифом 刻.

② 孙 く 子 小

sūn

grandchild

внук

| 孙子 sūnzi | grandson внук |

③ 地 く 土 也

dì

earth

место

| 地方 dìfang | place место |
| 地点 dìdiǎn | location место |

④ 块 く 土 夬

kuài

piece, block, *yuan*

юань, кусок

| 一块钱 yí kuài qián | 1 yuan один юань |
| 一块肉 yí kuài ròu | a piece of meat один кусок мяса |

⑤ 城 〈 土 成
chéng

city wall, city
город, стена

| 长城 | Chángchéng | the Great Wall | Великая стена |
| 城市 | chéngshì | city | город |

城 城 城 城 城 城 城

⑥ 场 〈 土 匆
chǎng

field
площадь

广场	guǎngchǎng	square	площадь
球场	qiúchǎng	court	поле для игры с мячом
市场	shìchǎng	market	рынок

场 场 场 场

⑦ 坏 〈 土 不
huài

bad
плохой, испорчен-
ный

| 电脑坏了 | diànnǎo huài le | the computer breaks down | компьютер сломался |
| 坏人 | huàirén | bad person | плохой человек |

坏 坏

⑧ 现 〈 王 见
xiàn

appear
сейчас

| 现在 | xiànzài | right now | сейчас |

现 现

"见"的最后一笔是"乚"，不要写成"丿"
The last stroke of 见 is a vertical-curved-hook rather than a left-falling.
Последняя черта в иероглифе见 – 乚, а не откидная влево.

⑨ 玩 〈 王 元
wán

play
играть

| 玩游戏 | wán yóuxì | play a game | играть в игры |
| 好玩儿 | hǎowánr | interesting | весёлый, забавный |

玩 玩

⑩ **球** qiú
王
求

ball
мяч

| 足球 zúqiú | football футбол |
| 篮球 lánqiú | basketball баскетбол |

⑪ **班** bān
王 丨
王

class
группа

| 一班 yī bān | Class 1 группа |
| 上班 shàng bān | go to work ходить на работу |

⑫ **林** lín
木
木

woods
лес; фамилия Линь

| 森林 sēnlín | forest лес |
| 我姓林 wǒ xìng Lín | my last name is Lin моя фамилия Линь |

⑬ **杯** bēi
木
不

cup
чашка

杯子 bēizi	cup чашка
一杯水 yì bēi shuǐ	a cup of water одна чашка воды
干杯 gān bēi	bottom up до дна

注意不要写成"坏"。
Do not mistake it for 坏.
Не путайте с иероглифом坏.

⑭ **机** jī
木
几

machine
прибор, самолет

| 手机 shǒujī | cell phone мобильный телефон |
| 机场 jīchǎng | airport аэропорт |

⑮ 校 xiào
school
учебное заведение

学校 xuéxiào — school — школа, учебное заведение

校 校 校 校 校 校 校

⑯ 样 yàng
apperance
вид

一样 yíyàng — same — одинаковый
怎么样 zěnmeyàng — how about — как, каким образом

样 样 样 样 样 样 样

⑰ 楼 lóu
building
здание

大楼 dàlóu — building — большое здание
5号楼 wǔ hào lóu — Building 5 — здание №5

楼 楼

⑱ 极 jí
extreme
очень, крайне

好极了 hǎo jí le — terrific — очень хорошо
太极拳 Tàijí quán — shadow boxing, Taiji — тайцзицюань

极 极 极 极

⑲ 村 cūn
village
деревня

村子 cūnzi — village — деревня

村 村

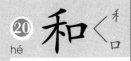

20 和 〈 禾 口

hé

and

и

我和你	wǒ hé nǐ	you and me я и ты
老师和学生	lǎoshī hé xuésheng	teacher and student учителя и студенты

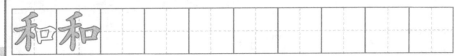

和 和

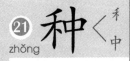

21 种 〈 禾 中

zhǒng

type

вид, сорт

一种	yì zhǒng	a type один вид
这种	zhè zhǒng	this type этот вид

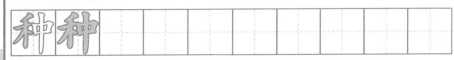

种 种

注意不要写成"和"。

Do not mistake it for 和.

Не путайте с иероглифом 和.

22 秋 〈 禾 火

qiū

autumn

осень

秋天	qiūtiān	autumn осень
中秋节	Zhōngqiū jié	Middle-autumn Day праздник Середины осени

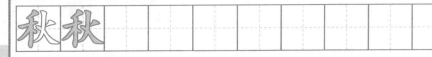

秋 秋

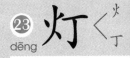

23 灯 〈 火 丁

dēng

light

свет, лампа

开灯	kāi dēng	turn on the light включить свет
关灯	guān dēng	turn off the light выключить свет

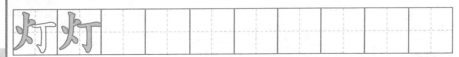

灯 灯

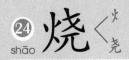

24 烧 〈 火 尧

shāo

burn

жарить

发烧	fā shāo	have got a fever жар, температура

烧 烧 烧 烧 烧 烧 烧

25 对 ㄡ寸
duì

right; opposite
правильный,
напротив

| 不对 bú duì | not right неправильно |
| 对面 duìmiàn | opposite напротив |

对 对

---

26 双 ㄡ又
shuāng

pair
пара

| 一双手 yì shuāng shǒu | a pair of hands руки |
| 一双筷子 yì shuāng kuàizi | a pair of chopsticks пара палочек |

双 双

左边的"又"第二笔是"丶"，而右边的"又"第二笔是"㇏"。

The second stroke of 又 on the left is a point and the second stroke of 又 on the right is a right-falling one.

Вторая черта иероглифа слева又 – точка, а у второго иероглифа又 вторая черта – откидная вправо.

---

27 难 ㄡ隹
nán

difficult
трудный

| 很难 hěn nán | very difficult очень трудный |
| 太难了 tài nán le | too difficult слишком трудный |

难 难

---

28 跑 足包
pǎo

run
бегать

| 跑步 pǎo bù | run бегать |
| 跑得很快 pǎo de hěn kuài | run fast бегает быстро |

跑 跑

---

29 路 足各
lù

road
путь, дорога

路口 lùkǒu	crossing перекресток
一条路 yì tiáo lù	a road одна дорога
几路车？ Jǐ lù chē?	Which bus? Какой номер автобуса?

路 路 路 路 路

30 gēn 跟 足⟨足⟩

after, with
с, и, у

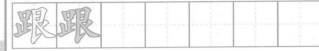

| 跟我学 gēn wǒ xué | learn from me **учись у меня** |
| 跟我走 gēn wǒ zǒu | go after me **пойдем со мной** |

注意不要写成"很"。

Do not mistake it for 很.

Не путайте с иероглифом 很.

三、书写练习

Writing Practice
Упражнения на написание иероглифов

1. 请用A栏中的偏旁与B栏中的部件组成汉字，填写在下面的田字格中。

Form characters with radicals in column A and components in column B. Then write it down in the following grid.

Составьте иероглифы из ключей из колонки А и элементов из колонки В и впишите их в клеточки.

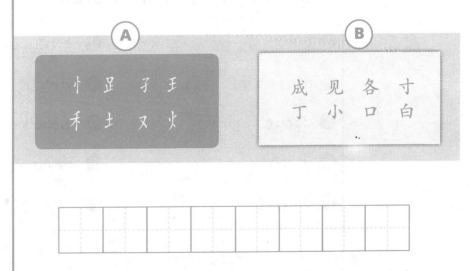

A
忄 足 孑 王
禾 土 又 火

B
成 见 各 寸
丁 小 口 白

2. 请给下边的部件加上不同的偏旁，组成不同的汉字。

Add different radicals to the following components to form different characters.

Добавьте разные ключи к данным элементам и составьте разные иероглифы.

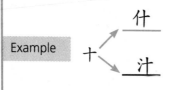

Example

十 → 什 / 汁

❶ 不 ＿＿ / ＿＿   ❷ 亥 ＿＿ / ＿＿   ❸ 隹 ＿＿ / ＿＿   ❹ 中 ＿＿ / ＿＿

❺ 夬 ＿＿ / ＿＿   ❻ 也 ＿＿ / ＿＿   ❼ 寸 ＿＿ / ＿＿

3. 看拼音写汉字。

Write characters according to *pinyin*.

Запишите иероглифы по транскрипции «пиньинь».

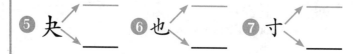

Example   māma(   ) → māma(妈妈)

❶ qiūtiān (   )   ❷ yì bēi shuǐ (   )

❸ hǎo jí le (   )   ❹ yíyàng (   )

❺ dàlóu (   )   ❻ yì shuāng shuǒ (   )

❼ xiǎohǎir (   )   ❽ shàng bān (   )

❾ dìfang (   )   ❿ jīchǎng (   )

142

四、认读练习

Identifying and Reading Practice

Упражнения на распознавание и чтение иероглифов

1. 认读词语：两人一组，一个人（A）读序号为单数号1、3、5、7、……29的词语，另一个人（B）读双数号2、4、6、8……30的词语。

Identify and read words: working in pairs, one (A) reads odd-numbered words and the other (B) reads even-numbered words.

Распознавание и чтение слов. Упражнение в паре: один человек (A) читает слова под нечетными номерами 1, 3, 5, 7 и так до 29, а другой человек (B) – под четными номерами 2, 4, 6, 8 и так до 30.

给学生的提示：

如果你的同伴念错了，或者忘了，你可以轻轻地提醒他（她）。如果你们都忘了字词的读音和意思，请看看"二、学写汉字"的内容。

Note to the students: if your partner misreads or forgets the word, you can remind him or her in a low voice. If both of you forget the pronunciation and meaning, refer to "II. Learn to Write Chinese Characters".

Студенту: если одноклассник прочитал неверно или забыл, как читается, вы можете потихоньку подсказать ему, если же вы оба забыли чтение и значение, то можно заглянуть в часть «2. Учимся писать иероглифы».

① 孩：孩子　小孩儿
② 孙：孙子
③ 地：地方　地点
④ 块：一块钱　一块肉
⑤ 城：长城　城市
⑥ 场：广场　球场　市场
⑦ 坏：电脑坏了　坏人
⑧ 现：现在
⑨ 玩：玩游戏　好玩儿
⑩ 球：足球　篮球
⑪ 班：一班　上班
⑫ 林：森林　我姓林
⑬ 杯：杯子　一杯水　干杯
⑭ 机：手机　机场
⑮ 校：学校
⑯ 样：一样　怎么样
⑰ 楼：大楼　5号楼
⑱ 极：好极了　太极拳
⑲ 村：村子
⑳ 和：我和你　老师和学生
㉑ 种：一种　这种
㉒ 秋：秋天　中秋节
㉓ 灯：开灯　关灯
㉔ 烧：发烧
㉕ 跑：跑步　跑得很快
㉖ 路：路口　一条路　几路车？
㉗ 跟：跟我学　跟我走
㉘ 对：不对　对面
㉙ 双：一双手　一双筷子
㉚ 难：很难　太难了

2. 认读下列句子。

Identify and read the following sentences.

Прочитайте предложения.

① 从这儿打车去机场又快又方便。

② 昨天他发烧了，<u>所以</u>（suǒyǐ so/поэтому）今天没来上课。

③ 他每天早上去河边跑步。

④ 北京的秋天天气非常好，不冷也不热。

⑤ 孩子们玩得很高兴。

⑥ 他现在住在北京中关村大街二十七号。

⑦ 林先生太极拳打得很好。

⑧ 森林里有很多<u>动物</u>（dòngwù animal/животные）。

⑨ 请问，4路车到天安门吗？

⑩ 这个汉字你写对了。

3. 认读下列短文。

Identify and read the following passage.

Прочитайте текст.

　　北京<u>烤鸭</u>（kǎoyā, roast duck/печеная утка）是最有名的北京菜，很多来北京旅行的人都想看看长城，<u>尝尝</u>（chángchang, taste/пробовать）北京烤鸭。

五、综合练习

Comprehensive Exercises

Общие упражнения

1. 请按照名称写出相应的偏旁。

Write the appropriate radicals.

Напишите ключи.

① zǐzìpáng ＿＿＿＿　② yòuzìpáng ＿＿＿＿　③ wángzìpáng ＿＿＿＿

④ huǒzìpáng _____　⑤ tǔzìpáng _____　⑥ zúzìpáng _____

⑦ hézìpáng _____　⑧ mùzìpáng _____

2. 填字组词。

Fill in characters to form words.

Заполните пробелы иероглифами и составьте слова.

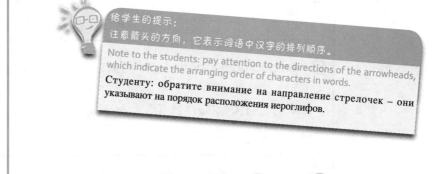

Note to the students: pay attention to the directions of the arrowheads, which indicate the arranging order of characters in words.

Студенту: обратите внимание на направление стрелочек – они указывают на порядок расположения иероглифов.

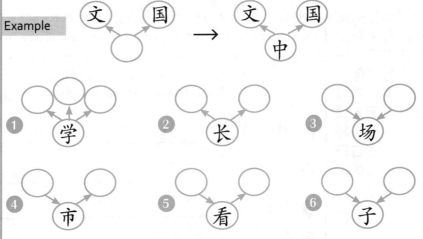

Example 文 国 → 文 国 中

① 学　② 长　③ 场

④ 市　⑤ 看　⑥ 子

3. 按拼音组词成句。

Write words and sentences according to *pinyin*.

Составьте предложения из данных слов по транскрипции «пиньинь».

① Zhè ge bān lǎoshī hé xuéshēng yígòng yǒu èrshí rén.

一共 学生 这 二十 老师 和 个 有 班 人

2 Míngtiān shì Zhōngqiū jié, wǒmen dōu xiūxi.

中秋节　明天　休息　我们　是　都

_____

3 Zhè shuāng xié nánkàn jí le.　　鞋　极了　这　难看　双

_____

4 Wǒ de shǒujī huài le.　　了　的　手机　我　坏

_____

5 Hěn duō háizi xǐhuan wán yóuxì.

孩子　很　玩　喜欢　多　游戏

_____

4. 请写出你知道的带有下列偏旁的汉字。写完后与同伴交流一下，看看谁写得又多又好。然后互相学习，把自己没写出来的汉字补充进来。

Write down characters with the following radicals. Check with your partner, see who writes more correctly. Then learn from each other and add what is missed in your box.

Запишите известные вам иероглифы с нижеследующими ключами. Затем обменяйтесь записями с одноклассником и посмотрите, у кого написано больше и лучше. Поучитесь друг у друга, добавив иероглифы, которые вы сначала не записали.

Example	女：妈、妹

❶ 子： _____

❷ 土： _____

❸ 王： _____

❹ 木： _____

❺ 禾： _____

❻ 火： _____

❼ 又： _____

❽ 足： _____

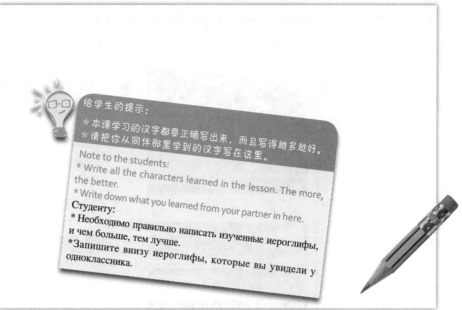

给学生的提示：

* 本课学习的汉字都要正确写出来，而且写得越多越好。

* 请把你从同伴那里学到的汉字写在这里。

Note to the students:

* Write all the characters learned in the lesson. The more, the better.

* Write down what you learned from your partner in here.

Студенту:

* Необходимо правильно написать изученные иероглифы, и чем больше, тем лучше.

*Запишите внизу иероглифы, которые вы увидели у одноклассника.

六、课后作业

After-class Assignments

Домашняя работа

1. 打字练习。下列词语都是由学过的字组成的，你知道它们的意思吗？如果不知道，请你先查词典，记住它们的意思，然后在电脑上打出来。

Typing Practice. The following words are made up of the learned characters. Do you know their meanings? If not, look them up in the dictionary, remember the meanings and then type them on your computer.

Упражнение на ввод иероглифов. Нижеследующие слова состоят из изученных иероглифов. Вы знаете, что они означают? Если нет, посмотрите в словарь и запомните их значение, а затем наберите их на компьютере.

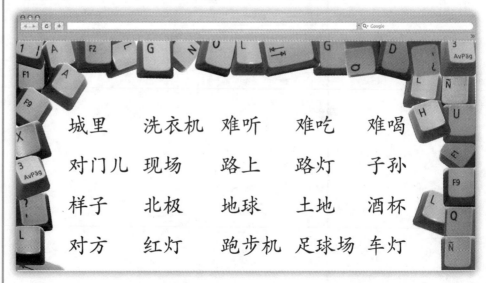

城里　洗衣机　难听　难吃　难喝

对门儿　现场　路上　路灯　子孙

样子　北极　地球　土地　酒杯

对方　红灯　跑步机　足球场　车灯

2. 街头汉字。读
一读，记一
记。

Chinese characters on the street. Read and remember.

Иероглифы на улице. Прочитайте и запомните.

机场巴士(jīchǎng bāshì)

Airport Shuttle Bus   Аэропортовой экспресс

红桥市场(Hóngqiáo Shìchǎng)

Hongqiao Market   Жемчужный рынок Хунцяо

学习目标

Objectives
Цели урока

1 学习8个偏旁。

Learn 8 radicals.
Изучить 8 ключей.

口 父 八 人 田 日 夕 艹

2 学写30个汉字。

Learn to write 30 characters.
Научиться писать 30 иероглифов.

tái	gào	yuán	zhǐ	bà	yé	fēn	gōng	jiè	jīn
台	告	员	只	爸	爷	分	公	介	今

huì	quán	shè	shí	nán	lèi	xīng	shì	zuì	míng
会	全	舍	食	男	累	星	是	最	名

duō	suì	cǎo	huā	chá	yào	cài	jié	yīng	kǔ
多	岁	草	花	茶	药	菜	节	英	苦

3 认读56个词语。

Identify and read 56 words.
Распознавать и читать 56 слов.

汉字知识

Knowledge of Chinese Characters
Иероглифические знания

Structural Relationships of Compound Characters (2) —— Up-down-structured Compound Characters

1. The basic structure of up-down-structured compound characters is as follows:

分

Структура составных иероглифов
2) Составные иероглифы структуры сверху вниз

1. Форма иероглифов структуры сверху вниз выглядит следующим образом:

分

2. There are other forms:

2. Другие формы структуры сверху вниз:

想　　宿　　意　　　　想　　宿　　意

Writing Way of Up-down Structured Compound Characters

Because all the components and strokes are within a small space, each one should not be too long but flat and impact. If the two components are far from each other, the character will stick out of the surrounding, therefore affecting the writing on the whole.

For example, 口 and 日 are kept square when used independently as characters, while they are required to be flat when used as radicals.

Метод написания иероглифов структуры сверху вниз

Так как все элементы и черты должны быть вписаны в одну маленькую клеточку, каждый элемент не должен быть слишком длинным, а наоборот, более плоским. Расстояние между двумя частями не должно быть слишком большим, иначе такой иероглиф будет в дисгармонии с другими иероглифами, что скажется на общем виде.

Например, когда иероглифы 口 и 日 выступают в качестве отдельных иероглифов, их можно делать квадратными, но если они являются ключами, их лучше писать плоскими.

一、学写偏旁

Learn to Write Radicals
Учимся писать ключи

汉字偏旁中有的多位于汉字的上部，被称为"×字头"；有的一般位于汉字的底部，被叫做"×字底"，它们与其它部件组合成上下结构的汉字。

In the radicals, some are mostly located at the upper of characters, so they are called "X character head". Some are located at the bottom of characters and therefore called "X character bottom". They together with other components form characters structured with the upper and lower.

Некоторые из данных ключей в большинстве случаев располагаются в верхней части иероглифа и называются "×字头"; некоторые, как правило, располагаются в нижней части и называются "×字底", с другими элементами они составляют иероглифы структуры сверху вниз.

由"口"组成的汉字有不少与嘴有关。口字旁既可以位于左右结构汉字的左右两边，也可位于上下结构汉字的上下两边。

Many characters with the radical 口 are related to mouth. 口 can appear on both two sides of left-right-structured characters and at the upper and lower parts of up-down-structured characters.

Иероглифы, в состав которых входит ключ 口, нередко связаны со ртом. Данный ключ может располагаться слева и справа в иероглифах структуры слева направо и в низу и в верху иероглифов структуры сверху вниз.

① 口
kǒuzìpáng
口字旁

② 父
由"父"组成的汉字大都与父亲或男性长辈有关。
Characters with the radical 父 are mostly related to fathers or males of older generations.

Иероглифы, в состав которых входит ключ 父, в большинстве случаев связаны с отцом или мужским старшим поколением.

fùzìtóu
父字头

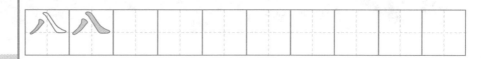

③ 八

bāzìtóu
八字头

由"八"组成的汉字有的表示分开。

Some characters with the radical 八 indicate separation.

Иекоторые иероглифы, в состав которых входит ключ 八, обозначают разделение.

④ 人

rénzìtóu
人字头

由"人"组成的汉字有的与人有关，但有的与人无关。

Some characters with the radical 人 are related to people and some are not.

Иекоторые иероглифы, в состав которых входит ключ 人, связаны с человеком, а некоторые – нет.

⑤ 田

tiánzìtóu
田字头

由"田"组成的汉字一般与田地或耕种有关。

Characters with the radical 田 are usually related to fields or farming.

Иероглифы, в состав которых входит ключ 田, как правило, связаны с полем, вспахиванием и выращиванием.

⑥ 日

rìzìtóu
日字头

由"日"组成的汉字一般与太阳或日期有关。

Characters with the radical 日 are usually related to the sun or the date.

Иероглифы, в состав которых входит ключ 日, как правило, связаны с солнцем или датой.

⑦ 夕

xīzìpáng
夕字旁

由"夕"组成的汉字有的与日落、夜晚有关。

Some characters with the radical 夕 are related to sunset and night.

Иекоторые иероглифы, в состав которых входит ключ 夕, связаны с закатом солнца, вечером.

⑧ 艹

cǎozìtóu
草字头

由"艹"组成的汉字一般与草木植物有关。

Characters with the radical 艹 are usually related to vegetation.

Иероглифы, в состав которых входит ключ艹, как правило, связаны с травами и растениями.

151

二、学写汉字

Learn to Write Chinese Characters

Учимся писать иероглифы

请按照正确的笔顺在田字格中写出下列汉字。

Write the following characters in the writing grid according to the proper stroke order.

Впишите иероглифы в клеточки в соответствии с правильным порядком черт.

---

① 台 tái ﹤ 厶 口

desk; (a measure word)

подставка; счётное слово для приборов

一台电视 yì tái diànshì	a TV set один телевизор
一台冰箱 yì tái bīngxiāng	a refrigerator один холодильник
台灯 táidēng	desk lamp настольная лампа

---

② 告 gào ﹤ 牛 口

tell

сообщить

| 告诉 gàosu | tell рассказать, сказать |
| 广告 guǎnggào | advertisement реклама |

---

③ 员 yuán ﹤ 口 贝

member

член, служащий

| 服务员 fúwùyuán | waiter/waitress официант |
| 工作人员 gōngzuò rényuán | staff служащий |

上边的"口"要写得小一点儿。

口 at the top is required to be small.

Способ написания: ключ 口 пишется меньше.

152

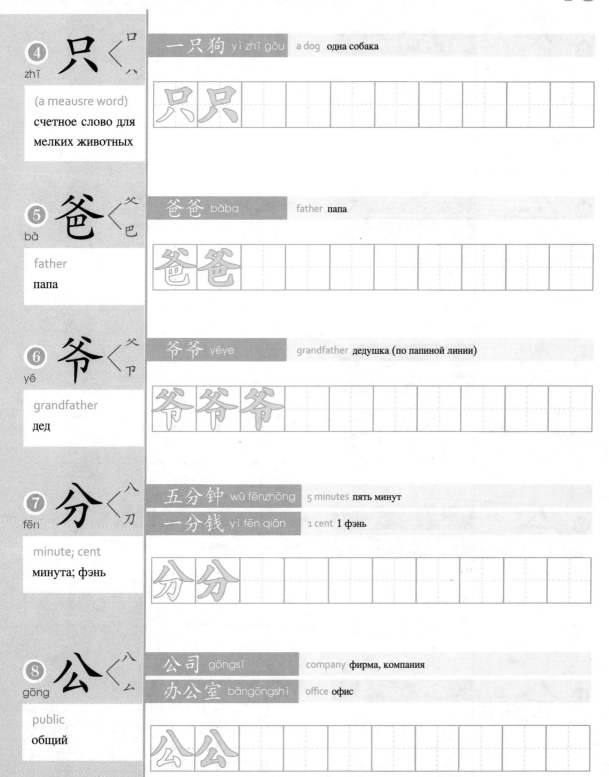

④ 只 〈口八
zhī

(a meausre word)
счетное слово для
мелких животных

一只狗 yì zhī gǒu　a dog　одна собака

⑤ 爸 〈父巴
bà

father
папа

爸爸 bàba　father　папа

⑥ 爷 〈父卩
yé

grandfather
дед

爷爷 yéye　grandfather　дедушка (по папиной линии)

⑦ 分 〈八刀
fēn

minute; cent
минута; фэнь

五分钟 wǔ fēnzhōng　5 minutes　пять минут
一分钱 yì fēn qián　1 cent　1 фэнь

⑧ 公 〈八厶
gōng

public
общий

公司 gōngsī　company　фирма, компания
办公室 bàngōngshì　office　офис

⑨ 介 jiè　〈 人 刀

lie between; introduce
между

| 介绍 jièshào | introduce рассказывать |

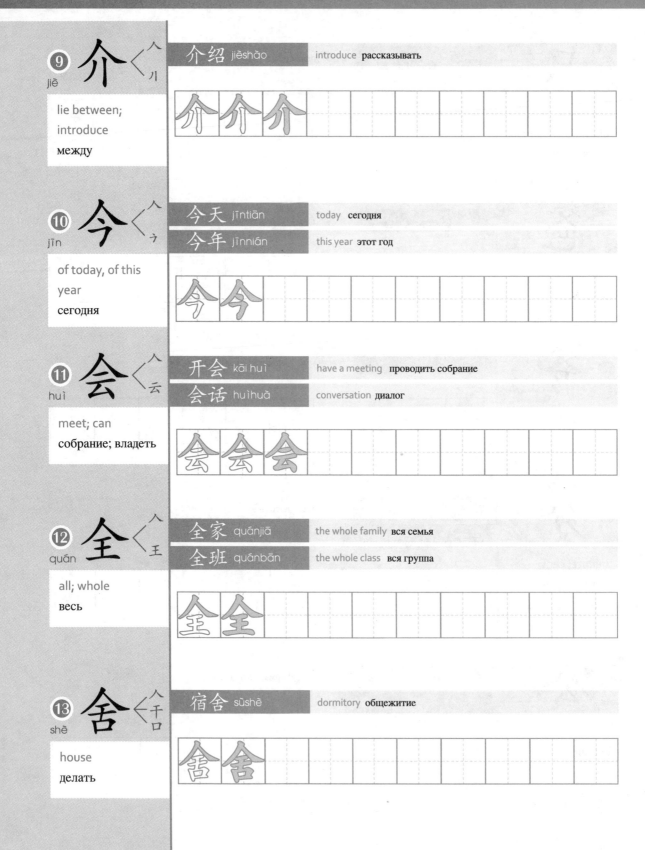

⑩ 今 jīn　〈 人 丁

of today, of this year
сегодня

| 今天 jīntiān | today сегодня |
| 今年 jīnnián | this year этот год |

⑪ 会 huì　〈 人 云

meet; can
собрание; владеть

| 开会 kāi huì | have a meeting проводить собрание |
| 会话 huìhuà | conversation диалог |

⑫ 全 quán　〈 人 王

all; whole
весь

| 全家 quánjiā | the whole family вся семья |
| 全班 quánbān | the whole class вся группа |

⑬ 舍 shè　〈 人 千 口

house
делать

| 宿舍 sùshè | dormitory общежитие |

154

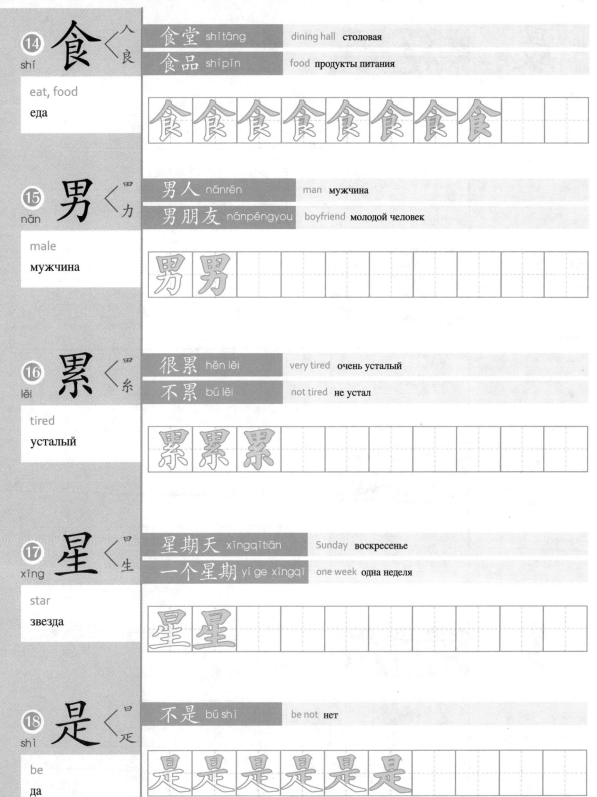

⑭ 食 〈人良
shí

eat, food
еда

食堂 shítáng — dining hall　столовая
食品 shípǐn — food　продукты питания

⑮ 男 〈田力
nán

male
мужчина

男人 nánrén — man　мужчина
男朋友 nánpéngyou — boyfriend　молодой человек

⑯ 累 〈田糸
lèi

tired
усталый

很累 hěn lèi — very tired　очень усталый
不累 bú lèi — not tired　не устал

⑰ 星 〈日生
xīng

star
звезда

星期天 xīngqītiān — Sunday　воскресенье
一个星期 yí ge xīngqī — one week　одна неделя

⑱ 是 〈日疋
shì

be
да

不是 bú shì — be not　нет

⑲ 最 zuì ⟨ 日 取

most

самый

最好 zuì hǎo	best самый хороший
最大 zuì dà	largest самый большой

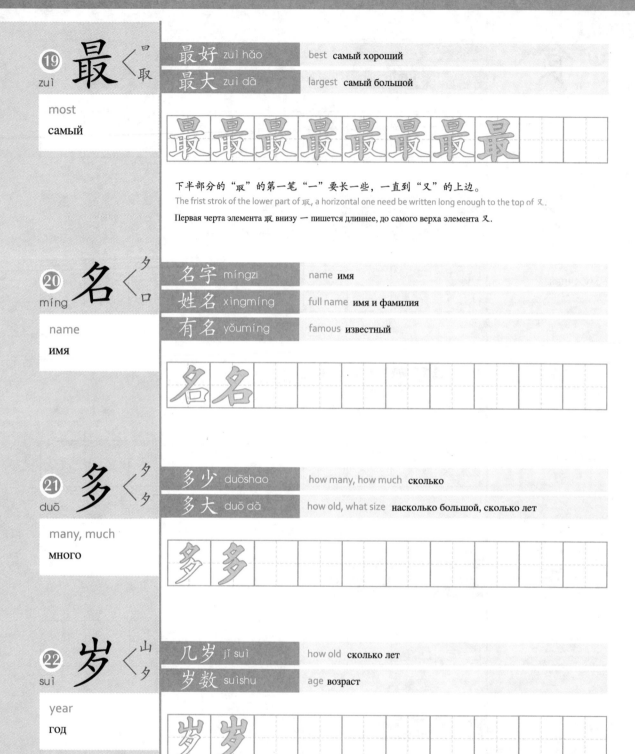

下半部分的"取"的第一笔"一"要长一些，一直到"又"的上边。

The frist strok of the lower part of 取, a horizontal one need be written long enough to the top of 又.

Первая черта элемента 取 внизу 一 пишется длиннее, до самого верха элемента 又.

⑳ 名 míng ⟨ 夕 口

name

имя

名字 míngzi	name имя
姓名 xìngmíng	full name имя и фамилия
有名 yǒumíng	famous известный

㉑ 多 duō ⟨ 夕 夕

many, much

много

多少 duōshao	how many, how much сколько
多大 duō dà	how old, what size насколько большой, сколько лет

㉒ 岁 suì ⟨ 山 夕

year

год

几岁 jǐ suì	how old сколько лет
岁数 suìshu	age возраст

23 草

cǎo

grass

трава

| 草地 cǎodì | grassland газон |

| 草 | 草 | 草 | | | | | | | |

24 花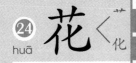

huā

flower

цветок

开花 kāi huā	blossom расцвести
花园 huā yuán	garden цветочный сад
花店 huā diàn	flower shop цветочный магазин

| 花 | 花 | 花 | 花 | | | | | |

25 茶

chá

tea

чай

| 喝茶 hē chá | drink tea пить чай |
| 茶馆 cháguǎn | teahouse чайная |

| 茶 | 茶 | 茶 | 茶 | | | | | |

下边中间的一笔是"亅"，不要写成"丨"。
The middle stroke at the bottom is a vertical-hook one rather than a vertical one.
Черта посередине внизу – вертикальная с крюком, а не простая вертикальная.

26 药

yào

medicine

лекарство

| 中药 zhōngyào | traditional Chinese medicine китайское лекарство |
| 西药 xīyào | Western medicine западное лекарство |

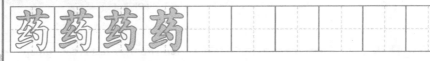

| 药 | 药 | 药 | 药 | | | | | |

27 菜

cài

dish

блюда

| 点菜 diǎn cài | order a dish заказывать блюда |
| 菜单 càidān | menu меню |

| 菜 | 菜 | 菜 | 菜 | 菜 | 菜 | | | | |

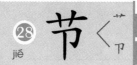

(28) 节 jié

festival; (a measure word)

праздник, передача, программа

| 节日 jiérì | festival праздник |
| 节目 jiémù | program передача, программа |

节 节

(29) 英 yīng

English

английский

| 英国 Yīngguó | Untied Kingdom Англия |
| 英语 Yīngyǔ | English английский язык |

英 英

(30) 苦 kǔ

bitter

горький, утомительный

| 刻苦 kèkǔ | diligent упорный |
| 辛苦 xīnkǔ | painstaking утомительный |

苦 苦

三、书写练习

Writing Practice

Упражнения на написание иероглифов

1. 下边每组有四个汉字，请根据字形挑选出与其它三个不同的一个汉字。

Pick the character different in form from the rest in each group.

Найдите иероглиф, который отличается от других по форме.

Example a.明 b.姐 c.妈 d.姓 → (a.)明 b.姐 c.妈 d.姓

❶ a.河 b.铁 c.告 d.如　❷ a.里 b.星 c.见 d.开

③ a.食　b.菜　c.介　d.练　④ a.晚　b.是　c.明　d.阳

⑤ a.累　b.唱　c.油　d.院　⑥ a.文　b.白　c.只　d.马

2. 请给下列汉字加上一个偏旁，组成一个上下结构的新汉字。

Add a radical to each of the following characters to form another up-down-structured character.

Добавьте к элементу ключ и получите новый иероглиф структуры сверху вниз.

① 贝　② 山　③ 云　④ 巴

⑤ 早　⑥ 良　⑦ 力　⑧ ㄙ

⑨ 王　⑩ 采

3. 看拼音写汉字。

Write characters according to *pinyin* .

Запишите иероглифы по транскрипции «пиньинь».

Example　　Māma (　　) ⟶　Māma (妈妈)

① xìngmíng (　　　　)　② xīngqītiān (　　　　)

③ jīnnián (　　　)　④ cháguǎn (　　　　)

⑤ zuìhǎo (　　　)　⑥ yì tái diànshì (　　　　)

⑦ jiérì (　　　)　⑧ Yīngyǔ (　　　　)

四、认读练习

Identifying and Reading Practice

Упражнения на распознавание и чтение иероглифов

1. **认读词语**：两人一组，一个人（A）读序号为单数号1、3、5、7、……29的词语，另一个人（B）读双数号2、4、6、8……30的词语。

Identify and read words: working in pairs, one (A) reads odd-numbered words and the other (B) reads even-numbered words.

Распознавание и чтение слов. Упражнение в паре: один человек (A) читает слова под нечетными номерами 1, 3, 5, 7 и так до 29, а другой человек (B) – под четными номерами 2, 4, 6, 8 и так до 30.

给学生的提示：

如果你的同伴念错了，或者忘了，你可以轻轻地提醒他（她）。如果你们都忘了字词的读音和意思，请看看"二、学写汉字"的内容。

Note to the students: if your partner misreads or forgets the word, you can remind him or her in a low voice. If both of you forget the pronunciation and meaning, refer to "II. Learn to Write Chinese Characters".

Студенту: если одноклассник прочитал неверно или забыл, как читается, вы можете потихоньку подсказать ему, если же вы оба забыли чтение и значение, то можно заглянуть в часть «2. Учимся писать иероглифы».

1 台：一台电视 一台冰箱 台灯
2 告：告诉 广告
3 员：服务员 工作人员
4 只：一只狗
5 爸：爸爸
6 爷：爷爷
7 分：五分钟 一分钱
8 公：公司 办公室
9 介：介绍
10 今：今天 今年
11 会：开会 会话
12 全：全家 全班
13 舍：宿舍
14 食：食堂 食品
15 男：男人 男朋友
16 累：很累 不累
17 星：星期天 一个星期
18 是：不是
19 最：最好 最大
20 名：名字 姓名 有名
21 多：多少 多大
22 岁：几岁 岁数
23 草：草地
24 花：开花 花园 花店
25 茶：喝茶 茶馆
26 药：中药 西药
27 菜：点菜 菜单
28 节：节日 节目
29 英：英国 英语
30 苦：刻苦 辛苦

2.认读下列句子。

Identify and read the following sentences.

Прочитайте предложения.

① 电视上经常有很多广告。

② 我家有爷爷、奶奶、爸爸、妈妈、一个姐姐和一个妹妹。

③ 他爷爷每天早上都去公园（gōngyuán　park/парк）打太极拳。

④ 他是一名公司职员（zhíyuán　staff/служащий），工作很累，经常加班。

⑤ 这是菜单，请点菜。

⑥ 春天（chūntiān　spring/весна）来了，花都开了。

⑦ 他们在办公室开会呢。

⑧ 一只小狗在草地上跑来跑去。

⑨ 从宿舍到教室，走10分钟就到了。

⑩ 在中国，中秋节是一个很重要（zhòngyào　important/важный）的节日。

3.认读下列短文。

Identify and read the following passage.

Прочитайте текст.

　　在中国，茶有很多种，绿（lǜ　green/зеленый）茶、红茶、花茶什么的。中国人很喜欢喝茶，但是每个地方的喝茶习惯（xíguàn　habit/привычки）不太一样。北方人经常喝花茶，南方人喜欢喝绿茶。

五、综合练习

Comprehensive Exercises
Общие упражнения

1. 请按照名称写出相应的偏旁。

Write the appropriate radicals.

Напишите ключи.

① kǒuzìpáng _____ ② fúzìtóu _____ ③ bāzìtóu _____

④ rénzìtóu _____ ⑤ tiánzìtóu _____ ⑥ rìzìtóu _____

⑦ xīzìpáng _____ ⑧ cǎozìtóu _____

2. 用每个汉字组两个词语。

Form two words with each of the following characters.

Составьте с каждым иероглифом по два слова.

Example　作：<u>工作</u>　<u>作业</u>

① 会：___ ___　② 男：___ ___　③ 名：___ ___

④ 台：___ ___　⑤ 花：___ ___　⑥ 药：___ ___

3. 按拼音组词成句。

Write words and sentences according to *pinyin*.

Составьте предложения из данных слов по транскрипции «пиньинь».

① Qǐng nǐ zìwǒ jièshào yíxiàr.　一下儿　请　自我　你　介绍

_____

② Nǐ yéye jīnnián duōdà suìshu?　岁数　你　今年　多大　爷爷

_____

③ Quánbān tóngxué xuéxí dōu hěn kèkǔ.

同学 全班 很 都 刻苦 学习

_____

④ Xuéxiào shítáng de cài hěn piányi, dànshì bú tài hǎochī.

不太 食堂 菜 的 很 好吃 便宜 但是 学校

_____

⑤ Tā gàosu wǒmen zài Rìběn gōngsī gōngzuò fēicháng xīnkǔ.

日本 他 我们 告诉 公司 辛苦 在 工作 非常

_____

4. 请写出你知道的带有下列偏旁的汉字。写完后与同伴交流一下，看看谁写得又多又好。然后互相学习，把自己没写出来的汉字补充进来。

Write down characters with the following radicals. Check with your partner, see who writes more correctly. Then learn from each other and add what is missed in your box.

Запишите известные вам иероглифы с нижеследующими ключами. Затем обменяйтесь записями с одноклассником и посмотрите, у кого написано больше и лучше. Поучитесь друг у друга, добавив иероглифы, которые вы сначала не записали.

Example 女：妈、妹 _____

① 口：_____

② 父：_____

③ 八：_____

④ 人：_____

⑤ 田：_____

⑥ 日：_____

163

7 夕： _____

8 艹： _____

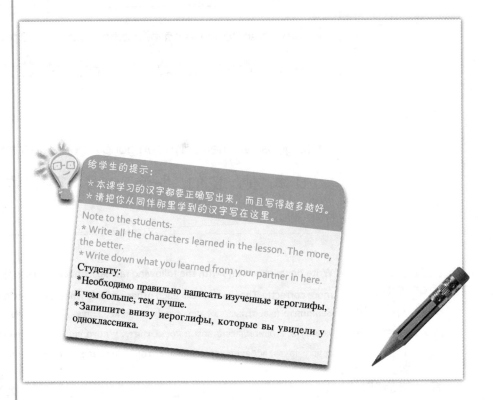

给学生的提示：

＊本课学习的汉字都要正确写出来，而且写得越多越好。
＊请把你从同伴那里学到的汉字写在这里。

Note to the students:
＊ Write all the characters learned in the lesson. The more, the better.
＊ Write down what you learned from your partner in here.

Студенту:
＊Необходимо правильно написать изученные иероглифы, и чем больше, тем лучше.
＊Запишите внизу иероглифы, которые вы увидели у одноклассника.

六、课后作业

After-class Assignments
Домашняя работа

1. 打字练习。下列词语都是由学过的字组成的，你知道它们的意思吗？如果不知道，请你先查词典，记住它们的意思，然后在电脑上打出来。

Typing practice. The following words are made up of the learned characters. Do you know their meanings? If not, look them up in the dictionary, remember the meanings and then type them on your computer.

Упражнение на ввод иероглифов. Нижеследующие слова состоят из изученных иероглифов. Вы знаете, что они означают? Если нет, посмотрите в словарь и запомните их значение, а затем наберите их на компьютере.

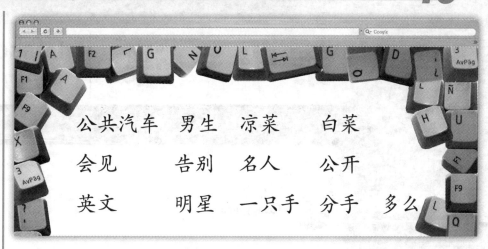

公共汽车　男生　凉菜　　白菜

会见　　　告别　名人　　公开

英文　　　明星　一只手　分手　多么

2. 街头汉字。
   读一读，记
   一记。

Chinese characters on the street. Read and remember.

Иероглифы, встречающиеся на улице. Прочитайте и узнайте.

食堂(shí táng)

Dining Hall　Столовая

宿舍楼(sùshèlóu)

Dormitory　Общежитие

茶馆(cháguǎn)

Teahouse　Чайная

花店(huā diàn)

Flower Shop　Цветочный магазин

学习目标

1 学习7个偏旁。

Learn 7 radicals.
Изучить 7 ключей.

2 学写30个汉字。

Learn to write 30 characters.
Научиться писать 30 иероглифов.

jīng	shì	gāo	xiě	ān	zì	tā	wán	dìng	jiā
京	市	高	写	安	字	它	完	定	家

shì	gōng	sù	kè	róng	yí	jì	kōng	chuān	bǐ
室	官	宿	客	容	宜	寄	空	穿	笔

xiào	dá	dì	dōng	gè	tiáo	wù	bèi	yào	piào
笑	答	第	冬	各	条	务	备	要	票

3 认读58个词语。

Identify and read 58 words.
Распознавать и читать 58 слов.

汉字知识

Memorize Characters According to Their Structural Relationship

The structure of Chinese characters includes left-right, up-down, and inside-outside ones. Each structure can be subdivided into several sub-structures. Therefore, it is important to remember the basic and secondary structures in memorizing characters. If the structural relationship goes wrong, the character is not right.

It is necessary to analyze the structure of a compound character and then its

Запоминание иероглифов по структурным связям

Структуры иероглифов включают структуру слева направо, структуру сверху вниз, охватывающую структуру и т.д. Каждая структура делится на множество подструктур, поэтому, запоминая иероглифы, нужно запоминать основные структуры и подструктуры. Если напутать структурные связи между элементами, иероглиф будет записан неправильно.

Сначала необходимо проанализиро-

components.

　　For example, 亻 cannot appear to the left of 宀 but under 宀 in 宿. Take 最 for another example. It is not 取 at the lower part but 又 under a horizontal stroke.

　　Do not mistake 多, a up-down-structured character, for 夕夕, a left-right-structured one.

　　Although 部 and 陪 are characters sharing the same radicals 咅 and 阝, the two components differ in their positions.

вать структуру составного иероглифа, а потом уже смотреть из каких частей он состоит.

　　Например, в иероглифе 宿 ключ 亻 следует писать не слева от ключа 宀, а - под ним. Или, например, в иероглифе 最 нижняя часть не иероглиф 取 структуры слева направо, а 又 под горизонтальной. Иероглиф 多 структуры сверху вниз не надо писать, как в структуре слева направо 夕夕.

　　Хотя иероглифы 部 и 陪 – иероглифы структуры слева направо, положение элементов различно.

一、学写偏旁

Learn to Write Radicals

Учимся писать ключи

1

jīngzìtóu
京字头

仅作字符，没有具体的意思。
As a radical, it has no particular meaning.
Является лишь знаком, не имеющим конкретного смысла.

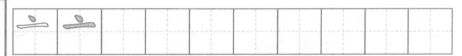

2

tūbǎogài
秃宝盖

本来有覆盖之义，但是也有些汉字的结构中虽含有"冖"，却并无此义。
Inherently, it means covering. But in some characters, it does not have such a meaning.
Раньше значил «накрывать», но есть иероглифы, который содержат этот ключ и не имеют этого значения.

　　第二笔是"乛"，不要写成"𠃍"。
　　The second stroke is a horizontal-hook one rather than a horizontal-turning one.
　　Вторая черта – горизонтальная с крюком, а не ломаная горизонтальная.

3

bǎogàitóu
宝盖头

由"宀"组成的汉字有的与房屋有关。
Some characters with the radical 宀 are related to houses.
Некоторые иероглифы, в состав которых входит ключ 宀, связаны с жилищем.

　　注意不要写成"冖"。
　　Do not mistake it for 冖.
　　Не путайте с 冖.

④ 穴

xuézìtóu
穴字头

由"穴"组成的汉字有的与房屋、空间或孔洞有关。

Characters with the radical 穴 are related to houses, space or holes.

Некоторые иероглифы, в состав которых входит ключ 穴, связаны с жилищем, пространством или пустотой.

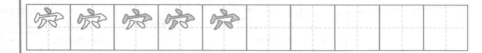

"穴"下边是两个点，不要写成"八"。

At the bottom of 穴 are two points instead of 八.

Внизу две точки, а не иероглиф 八.

⑤ 竹

zhúzìtóu
竹字头

由"⺮"组成的汉字一般与竹有关。

Characters with the radical of ⺮ are usually related to bamboo.

Иероглифы, в состав которых входит ключ ⺮, как правило, связаны с бамбуком.

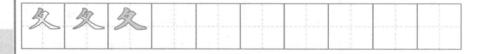

⑥ 夂

dōngzìtóu
冬字头

在现代汉字中，常用作字符，没有特别具体的意思，或者失去了最初的意思。

In modern Chinese, it carries no meaning as a radical. Maybe it has lost its original meaning.

В современной иероглифике используется в качестве знака, который не имеет конкретного значения или потерял изначальный смысл.

夂 夂 夂

第二笔是"フ"，不要写成两笔"一+丿"。注意"夂"与"夊"的区别。

The second stroke is a horizontal-left-falling one rather then two seperate ones, horizontal and left-falling. Pay attention to the difference between 夂 and 夊.

Не надо писать вторую черту フ как 一+丿, обратите внимание на разницу между 夂 и 夊.

⑦ 西

xīzìtóu
西字头

在现代汉字中，常用作字符，没有特别具体的意思，或者已失去了最初的意思。

In modern Chinese, it carries no meaning as a radical. Maybe it has lost its original meaning.

В современной иероглифике используется в качестве знака, который не имеет конкретного значения или потерял изначальный смысл.

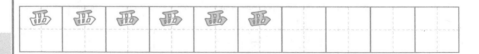

注意"西"的中间是两个"丨"，不要写成"丿、丨"

At the middle of 西 are two vertical strokes instead of a left-falling one and a vertical-turning one.

Обратите внимание на то, что в середине 西 две 丨, а не 丿 и изогнутая вертикальная.

二、学写汉字

Learn to Write Chinese Characters
Учимся писать иероглифы

1 京 jīng ←亠口小

capital
столица

北京 Běijīng		Beijing Пекин
南京 Nánjīng		Nanjing Нанкин

京 京 京

2 市 shì ←亠巾

market; city
город

超市 chāoshì		supermarket магазин, супермаркет
市场 shìchǎng		market рынок
城市 chéngshì		city город

市 市

3 高 gāo ←亠口冋

high
высокий

身高 shēngāo		height рост
高兴 gāoxìng		happy радостный

高 高 高 高 高

4 写 xiě ←冖与

write
писать

写汉字 xiě Hànzì		write Chinese characters писать иероглифы
写作业 xiě zuòyè		do homework делать домашнюю работу

写 写 写 写

5 安 ān ←宀女

safe; calm
спокойный

安全 ānquán		security безопасный
平安 píng'ān		safe спокойный

安 安

⑥ 字 zì 〈宀 子

character
иероглиф

汉字 Hànzì	Chinese character китайский иероглиф
写字 xiě zì	write characters писать иероглифы
字典 zìdiǎn	dictionary словарь иероглифов

字字

⑦ 它 tā 〈宀 匕

it
оно

它是什么？ Tā shì shénme? What is it? что это?

它它它

⑧ 完 wán 〈宀 元

finish; over
заканчивать

| 吃完 chī wán | finish eating доесть |
| 完成 wán chéng | finish выполнить |

完完

⑨ 定 dìng 〈宀 疋

decide; certainly
непременно; опре-
делить

| 一定 yídìng | certainly обязательно |
| 决定 juédìng | decide решить |

定定

⑩ 家 jiā 〈宀 豕

home
семья

| 家人 jiārén | family домашние |
| 大家 dàjiā | everyone все |

家家家家家家家家

⑪ 室 ‹ 宀 / 至
shì

room
комната, помеще-
ние

| 教室 jiàoshì | classroom аудитория |
| 办公室 bàngōngshì | office офис |

室室室室室

⑫ 宫 ‹ 宀 / 吕
gōng

palace
дворец

| 故宫 Gùgōng | Forbidden City дворец Гугун |
| 白宫 Bái gōng | White House Белый дом |

宫宫宫

⑬ 宿 ‹ 宀 / 佰
sù

lodge for the night
ночевать

| 宿舍 sùshè | dormitory общежитие |
| 住宿 zhùsù | get accommodation ночевать |

宿宿宿

⑭ 客 ‹ 宀 / 各
kè

guest
гость

| 不客气 bú kèqi | you are welcome не за что |
| 客人 kèrén | guest гость |

客客客

⑮ 容 ‹ 宀 / 谷
róng

contain; tolerate
легкий; вмещать

| 容易 róngyì | easy легкий |
| 内容 nèiróng | content содержание |

容容容容容容容容

是"宀"加上一个"谷"，而不是"穴"加上"人"和"口"。

It is 宀 added to the top of 谷 rather than 穴 with 人 and 口.

宀 плюс 谷, а не 穴 плюс 人 и 口.

16 宜 ⟨宀 且⟩
yí
suitable
подходящий, привлекательный

便宜 piányi — cheap дешевый

宜 宜 宜 宜 宜 宜

17 寄 ⟨宀 奇⟩
jì
send
отправить, послать

寄信 jì xìn — send a letter отправить письмо
寄包裹 jì bāoguǒ — send a package отправить посылку

寄 寄 寄 寄 寄

18 空 ⟨穴 工⟩
kōng
empty; air
воздух

空气 kōngqì — air воздух
空调 kōngtiáo — air-conditioning кондиционер

空 空

19 穿 ⟨穴 牙⟩
chuān
wear
одевать, надевать

穿衣服 chuān yīfu — wear clothes надевать одежду

穿 穿 穿 穿 穿

20 笔 ⟨竹 毛⟩
bǐ
pen
ручка

一支笔 yì zhī bǐ — a pen одна ручка
毛笔 máobǐ — Chinese brush кисть
笔记本 bǐjìběn — notebook записная книжка

笔 笔 笔 笔 笔

㉑ 笑 xiào

laugh

смеяться, улыбаться

开玩笑 kāi wánxiào | make fun of　**шутить**
笑话 xiàohuà | joke　**шутка**

笑　笑　笑

"天"字的上边是"丿"，不要写成"一"。

At the upper of 天 is a left-falling stroke rather than a horizontal one.

У иероглифа 天 сверху – 丿, а не 一.

㉒ 答 dá

answer

отвечать

回答 huí dá | answer　**отвечать**

答　答

㉓ 第 dì

(used before integers to indicate order)

суффикс для обозначения порядкового числительного

第六 dì liù | sixth　**шестой**
第几次? Dì jǐ cì? | Which time? В который раз?

第　第　第　第　第　第

㉔ 冬 dōng

winter

зима

冬天 dōngtiān | winter　**зима**

冬　冬　冬

㉕ 各 gè

each

разный, каждый

各种各样 gèzhǒnggèyàng | various kinds　**самые разнообразные**

各　各

26 条 tiáo ⟨ 夂 木

strip; (a measure word)

ветка; счетное слово для предметов в виде полоски

条件 tiáojiàn — condition, requirement условия

一条路 yì tiáo lù — a road одна дорога

27 务 wù ⟨ 夂 力

affair

живот

服务 fúwù — service обслуживание

服务员 fúwùyuán — waiter, shop assistant официант

公务员 gōngwùyuán — public servant госслужащий

28 备 bèi ⟨ 夂 田

prepare

приготовить

准备 zhǔnbèi — prepare приготовить(ся)

29 要 yào ⟨ 西 女

want

хотеть, нуждаться

需要 xūyào — need нуждаться

重要 zhòngyào — important важный

30 票 piào ⟨ 西 示

ticket

билет

门票 ménpiào — ticket входной билет

车票 chēpiào — train ticket билет на автобус, поезд и т.д.

一张票 yì zhāng piào — a ticket один билет

174

三、书写练习

Writing Pratice

Упражнения на написание иероглифов

1. 请给下列部件加上一个偏旁，组成一个上下结构的汉字。

Add a radical to each of the following components to form another up-down-structured character.

Добавьте к элементу ключ и получите новый иероглиф структуры сверху вниз.

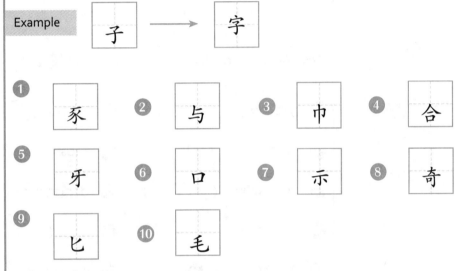

Example　子 ⟶ 字

1 豕　2 与　3 巾　4 合

5 牙　6 口　7 示　8 奇

9 匕　10 毛

2. 填字组词。

Fill in characters to form words.

Заполните пробелы иероглифами и составьте слова.

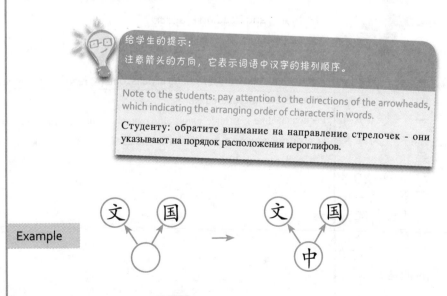

给学生的提示：

注意箭头的方向，它表示词语中汉字的排列顺序。

Note to the students: pay attention to the directions of the arrowheads, which indicating the arranging order of characters in words.

Студенту: обратите внимание на направление стрелочек - они указывают на порядок расположения иероглифов.

Example　文 国 ⟶ 文 国 中

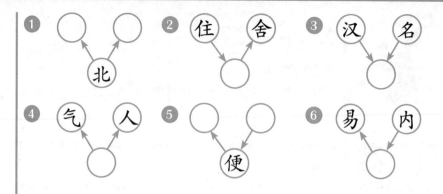

3. 看拼音写汉字。

Write characters according to *pinyin*.

Запишите иероглифы по транскрипции «пиньинь».

| Example | māma ( ) → māma (妈妈) |

① yídìng ( )　　② kōngqì ( )

③ xiě zì ( )　　④ jiàoshì ( )

⑤ shuō wán le ( )　　⑥ dōngtiān ( )

⑦ yì tiáo lù ( )　　⑧ dì yī ( )

⑨ fúwù ( )　　⑩ kāi wánxiào ( )

四、认读练习

Identifying and Reading Practice

Упражнения на распознавание и чтение иероглифов

1. 认读词语：两人一组，一个人（A）读序号为单数号1、3、5、7、……29的词语，另一个人（B）读双数号2、4、6、8……30的词语。

Identify and read words: working in pairs, one (A) reads odd-numbered words and the other (B) reads even-numbered words.

Распознавание и чтение слов. Упражнение в паре: один человек (A) читает слова под нечетными номерами 1, 3, 5, 7 и так до 29, а другой человек (B) – под четными номерами 2, 4, 6, 8 и так до 30.

给学生的提示：

如果你的同伴念错了，或者忘了，你可以轻轻地提醒他（她）。如果你们都忘了字词的读音和意思，请看看"二、学写汉字"的内容。

Note to the students: if your partner misreads or forgets the word, you can remind him or her in a low voice. If both of you forget the pronunciation and meaning, refer to "II. Learn to Write Chinese Characters".

Студенту: если одноклассник прочитал неверно или забыл, как читается, вы можете потихоньку подсказать ему, если же вы оба забыли чтение и значение, то можно заглянуть в часть «2. Учимся писать иероглифы».

❶ 京：北京　南京
❷ 市：城市　超市　市场
❸ 高：身高　高兴
❹ 写：写汉字　写作业
❺ 安：安全　平安
❻ 字：汉字　写字　字典
❼ 它：它是什么？
❽ 完：吃完　完成
❾ 定：一定　决定
❿ 家：家人　大家
⓫ 室：教室　办公室
⓬ 宫：故宫　白宫
⓭ 宿：宿舍　住宿
⓮ 客：不客气　客人
⓯ 容：容易　内容
⓰ 宜：便宜
⓱ 寄：寄信　寄包裹
⓲ 空：空气　空调
⓳ 穿：穿衣服
⓴ 笔：一支笔　毛笔　笔记本
㉑ 笑：开玩笑　笑话
㉒ 答：回答
㉓ 第：第六　第几次？
㉔ 冬：冬天
㉕ 各：各种各样
㉖ 条：条件　一条路
㉗ 务：服务　服务员　公务员
㉘ 备：准备
㉙ 要：需要　重要
㉚ 票：门票　车票　一张票

2. 认读下列句子。

Identify and read the following sentences.

Прочитайте предложения.

❶ 请问，留学生（liúxuéshēng international students/иностранный студент）办公室在哪儿？

❷ 南京市离（lí away from/от）上海市不太远。

❸ 明天有汉字考试（kǎoshì exam/экзамен），你们准备好了吗？

177

④ 这种电子字典不太贵。

⑤ 他很喜欢跟朋友们开玩笑。

⑥ 我要去邮局寄一个包裹。

⑦ 您太客气了。

⑧ 今天挺冷的，你得多穿点儿衣服。

⑨ 我家有一条狗，它喜欢每天出去玩。

⑩ 今天有一位重要的客人来，你猜（ cāi guess догадаться ）是谁？

3. 认读下列短文。

Identify and read the following passage.

Прочитайте текст.

　　故宫在中国北京市，它在天安门广场的北边，是中国明、清两代（ dài dynasty/эпоха, династия ）的皇宫（ huánggōng royal palace/императорский дворец ）。你需要买门票才可以进去，一张门票几十块。故宫非常大，如果你想好好看，花一天的时间也看不完。

五、综合练习

Comprehensive Exercises

Общие упражнения

1. 请按照名称写出相应的偏旁。

Write the following components.

Напишите ключи.

① bǎogàitóu _____　② xuězìtóu _____　③ zhúzìtóu _____

④ xīzìtóu _____　⑤ tūbǎogài _____　⑥ jīngzìtóu _____

⑦ dōngzìtóu _____

2. 请用每个汉字组两个词语。

Form two words with each of the following characters.

Составьте с каждым иероглифом по два слова.

| Example | 作： 工作　　作业 |

① 安： ____ ____　② 市： ____ ____　③ 条： ____ ____

④ 家： ____ ____　⑤ 票： ____ ____　⑥ 写： ____ ____

⑦ 寄： ____ ____　⑧ 穿： ____ ____

3. 按拼音组词成句。

Write words and sentences according to *pinyin*.

Составьте предложения из данных слов по транскрипции «пиньинь».

① Tīngshuō nǐ yào huí guó le, zhù nǐ yílùpíng'ān.

祝　回国　一路平安　你　听说　要　了　你

② Tā bàba shì gōngwùyuán.　公务员　爸爸　他　是

③ Nǐ huì yòng máobǐ xiě Hànzì ma?

会　你　吗　毛笔　汉字　用　写

④ Jīntiān xuéxí de nèiróng hěn róngyì, dàjiā dōu tīng dǒng le.

大家　内容　今天　懂　容易　学习　的　很　都　了　听

⑤ Nǐ kàn, zhèr xiě zhe "gāogāoxìngxìng shàng bān qù, píngpíng'ān'ān huí jiā lái".

来去回家　你看　上班　这儿　平平安安　高高兴兴　写着

4. 请写出你知道的带有下列偏旁的汉字。写完后与同伴交流一下，看看谁写得又多又好。然后互相学习，把自己没写出来的汉字补充进来。

Write down characters with the following radicals. Check with your partner, see who writes more correctly. Then learn from each other and add what is missed in your box.

Запишите известные вам иероглифы с нижеследующими ключами. Затем обменяйтесь записями с одноклассником и посмотрите, у кого написано больше и лучше. Поучитесь друг у друга, добавив иероглифы, которые вы сначала не записали.

Example　女：妈、妹　_____

① 亠： _____

② 西： _____

③ 冖： _____

④ 宀： _____

⑤ 穴： _____

⑥ 竹： _____

⑦ 夂： _____

给学生的提示：
＊本课学习的汉字都要正确写出来，而且写得越多越好。
＊请把你从同伴那里学到的汉字写在这里。

Note to the students:
* Write all the characters learned in the lesson. The more, the better.
* Write down what you learned from your partner in here.

Студенту:
*Необходимо правильно написать изученные иероглифы, и чем больше, тем лучше.
*Запишите внизу иероглифы, которые вы увидели у одноклассника.

六、课后作业

After-class Assignments
Домашняя работа

1. 打字练习。下列词语都是由学过的字组成的，你知道它们的意思吗？如果不知道，请你先查词典，记住它们的意思，然后在电脑上打出来。

Typing practice. The following words are made up of the learned characters. Do you know their meanings? If not, look them up in the dictionary, remember the meanings and then type them on your computer.

Упражнение на ввод иероглифов. Нижеследующие слова состоят из изученных иероглифов. Вы знаете, что они означают? Если нет, посмотрите в словарь и запомните их значение, а затем наберите их на компьютере.

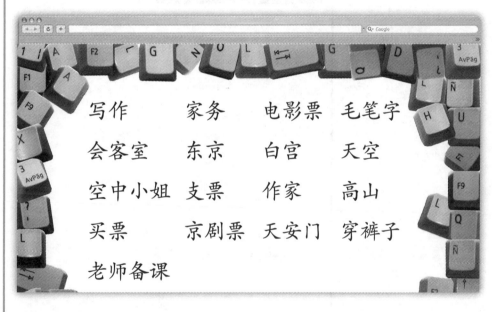

写作　　家务　　电影票　　毛笔字

会客室　　东京　　白宫　　天空

空中小姐　支票　　作家　　高山

买票　　京剧票　　天安门　穿裤子

老师备课

2. 街头汉字。读一读，认一认。

Chinese Characters in the Street. Read and Learn.

Иероглифы на улице. Прочитайте и узнайте.

故宫博物院(Gùgōng Bówùyuàn)
The Imperial Palace Museum
Музей «Гугун»

181

地铁天安门西站(dìtiě Tiān'ānmén xī zhàn)
Tian'anmen West Subway Station
Станция метро «площадь Тяньаньмэнь»

售票处(shòupiàochù)
Ticket Office   Билетная касса

学习目标
Objectives
Цели урока

1 学习8个偏旁。

Learn 8 radicals.
Изучить 8 ключей.

> 彡 ⺌ ⺌ 雨 灬 心 目 巾

Learn to write 30 characters.
Научиться писать 30 иероглифов.

lǎo	zhě	kǎo	xué	jiào/jué	cháng	táng	zhǎng	xuě	xū
老	者	考	学	觉	常	堂	掌	雪	需

líng	diǎn	rè	zhào	rán	nín	xī	zěn	wàng	xiǎng
零	点	热	照	然	您	息	怎	忘	想

yì	sī	jí	gǎn	yuàn	kàn	zhe	shěng	dài	bāng
意	思	急	感	愿	看	着	省	带	帮

2 学写30个汉字。

3 认读64个词语。

Identify and read 64 words.
Распознавать и читать 64 слова.

汉字知识
Knowledge of Chinese Characters
Иероглифические знания

Memorize Chinese Characters by Differentiating Radicals (1)

Some radicals are rather similar in their shapes and it is easy to mistake them for others. Therefore, it is necessary to differentiate them by associating the meanings with them in learning. Learn and read the following characters containing similar radicals.

Запоминание иероглифов путем отличия ключей (1)

Некоторые ключи китайских иероглифов очень похожи по форме, и если их не различать, то можно легко ошибиться в написании иероглифа. Поэтому в процессе обучения чтобы различать ключи, нужно запоминать их смысл. Прочитайте и запомните нижеследующие иероглифы, состоящие из похожих ключей.

亻：休 你 他　氵：江 河 海　礻：神 社 礼　饣：饭 饿　冖：冠 写
彳：往 很 行　冫：冷 冻 凉　衤：衬 衫　钅：钟 钞　宀：宿 家 字
　　　　　　　　　　　　　　　　　　　　　　　　亠：京 高

艹：英 草 茶　八：分 公　夂：条 各　⺌：常 堂
⺮：筷 篮 笔　人：舍 全　攵：放 收　⺌：学 觉

183

一、学写偏旁

Learn to Write Radicals
Учимся писать ключи

耂、⺍ and ⺌ cannot appear independently but as radicals. Most of them are located at the top of the up-down-structured characters. ⻗ and 灬 are radicals derived from singal-component characters 雨 and 火. ⻗ is located at the top of the up-down-structured characters and 灬 is at the bottom. 心、目 and 巾 can be independent characters as well as radicals. They are usually placed at the bottom of the up-down-structured characters.

Ключи 耂、⺍ и ⺌ не могут выступать в качестве отдельных иероглифов и находятся в верхней части иероглифов структуры сверху вниз. ⻗ и 灬 - ключи, образовавшиеся из отдельных иероглифов 雨 «дождь» и 火 «огонь», они находятся внизу иероглифов структуры сверху вниз. А ключи 心、目 и 巾 могут быть и отдельными иероглифами, и ключами, они, как правило, находятся внизу иероглифов структуры сверху вниз.

"耂、⺍、⺌"都不能独立成字，仅作偏旁，大都位于上下结构汉字的上部。"⻗、灬"是从独体字"雨、火"变异而来的偏旁。"⻗"位于上下结构汉字的上部，"灬"则位于上下结构汉字的下部。而"心、目、巾"既是独立的汉字，又是常见偏旁，在上下结构的汉字中一般位于下部。

① 耂

由"耂"组成的汉字一般与老人或年老有关。
Characters containing 耂 are usually related to old people or old age.
Иероглифы, в состав которых входит ключ 耂, как правило, связаны со стариками или чем-то старым.

lǎozìtóu
老字头

② ⺍

仅作构字成分。
It is only used as a radical.
Является лишь элементом иероглифа.

xuézìtóu
学字头

第二笔是"、"，不要写成"丨"。
The second stroke is a ponit stroke rather than a vertical one.
Вторая черта 、, а не 丨.

③ 丷

chángzìtóu
常字头

仅作构字成分。

It is only used as a radical.

Является лишь элементом иероглифа.

"丷"的中间是一个短小的"丨"，不要写成"丶"。

At the middle of 丷 is a short vertical stroke rather than a point one.

Посередине элемента 丷 короткая丨, а не丶.

④ 雨

yǔzìtóu
雨字头

由"雨"组成的汉字一般与气象有关。

Characters with of 雨 are usually related to climate.

Иероглифы, в состав которых входит ключ , как правило, связаны с

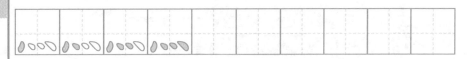

⑤ 灬

sìdiǎndǐ
四点底

由"灬"组成的汉字一般与火有关。

Characters with 灬 are usually related to fire.

Иероглифы, в состав которых входит ключ 灬 , как правило, связаны с огнем.

第一个点儿向左点，其他三个点儿向右点。

The first point is kept toward the left and the rest three are kept toward the right.

Первая точка направлена влево, а остальные – вправо.

⑥ 心

xīnzìdǐ
心字底

由"心"组成的汉字一般与内心活动有关。

Characters with the component of 心 are usually related mental activities.

Иероглифы, в состав которых входит ключ 心, как правило, связаны с психологической активностью.

⑦ 目

mùzìdǐ
目字底

由"目"组成的汉字一般与眼睛或眼睛的动作有关。

Characters with the component of 目 are usually related to eyes or their movement.

Иероглифы, в состав которых входит ключ 目, как правило, связаны с глазами или движениями глаз.

185

⑧ 巾

jīnzìdǐ
巾字底

由"巾"组成的汉字一般与布有关。

Characters with the radical of 巾 are usually related to cloth.

Иероглифы, в состав которых входит ключ 巾, как правило, связаны с тканью.

巾	巾	巾							

二、学写汉字

Learn to Write Chinese Characters
Учимся писать иероглифы

① 老 〈 耂 匕

lǎo

old, (a noun profix)

старина, почтенный; старый

| 老师 lǎoshī | teacher учитель |
| 老人 lǎorén | old people старик |

老	老								

② 者 〈 耂 日

zhě

(a noun suffix indicating persons)

тот, кто

| 作者 zuǒzhě | author автор |
| 或者 huǒzhě | or или |

者	者								

③ 考 〈 耂 丂

kǎo

exam

сдавать экзамены, принимать экзамены

| 考试 kǎoshì | exam экзамен |
| 考场 kǎochǎng | exam room место сдачи экзаменов |

考	考	考							

④ 学 〈 𭕄 子

xué

study

учить

学习 xuéxí	study учиться
大学 dàxué	university университет
学校 xuéxiào	school учебное заведение

学	学								

186

⑤ 觉 〈 ⅍
　　 　　 见
jiāo/juě

sleep, feel
сон, чувствовать

睡觉 shuì jiào	sleep спать
觉得 juéde	feel думать
感觉 gǎnjué	sense ощущение

下半部是"见"，不要写成"贝"。
At the bottom is 见 rather than 贝.
Внизу пишется 见, а не 贝.

⑥ 常 〈 ⅍
　　 　　 口
　　 　　 巾
chāng

constant, often
часто

| 经常 jīngcháng | often часто |
| 不常 bù cháng | seldom не часто |

⑦ 堂 〈 ⅍
　　 　　 口
　　 　　 土
táng

hall
зал

食堂 shí táng	dining hall столовая
课堂 kètáng	classroom аудитория
教堂 jiàotáng °	church церковь

⑧ 掌 〈 ⅍
　　 　　 口
　　 　　 手
zhǎng

palm
ладонь

| 鼓掌 gǔ zhǎng | applaud хлопать в ладоши, аплодировать |

⑨ 雪 〈 雨
　　 　　 彐
xuě

snow
снег

| 下雪 xià xuě | it snows идет снег |
| 滑雪 huá xuě | ski кататься на лыжах |

⑩ 需 xū

need
нуждаться

需要 xūyào	need нуждаться

需 需 需 需 需 需 需

⑪ 零 líng

zero
ноль

零下 língxià	below zero ниже нуля
零钱 língqián	change мелкие деньги

零 零 零 零 零 零

下半部是"令"，不是"今"。
At the bottom is 令 instead of 今.
В нижней части пишется 令, а не 今.

⑫ 点 diǎn

point
точка, пункт

几点了？ Jǐ diǎn le?	What time is it? Сколько времени?
地点 dìdiǎn	place место
一点儿 yì diǎnr	a little немного

点 点 点 点

⑬ 热 rè

hot
жаркий, горячий

热水 rè shuǐ	hot water горячая вода
热情 rèqíng	enthusiasm радушный

热 热 热 热

⑭ 照 zhào

shine
фотография,
фотографировать

照片 zhàopiàn	photo фотография
护照 hùzhào	passport паспорт

照 照 照 照

188

15 然 rǎn
(adverb or adjective suffix)
так

当然 dāngrán	of course	конечно
虽然 suīrán	although	хотя
然后 ránhòu	then	потом

然 然 然 然

16 您 nín
you (polite form)
Вы

您好 nín hǎo	How do you do?	Здравствуйте!
您先请。 Nín xiān qǐng.	After you.	Проходите вперед, после Вас.

您 您

17 息 xī
rest
отдыхать

休息 xiūxi	rest	отдыхать

息 息

18 怎 zěn
(an interrogative pronoun)
как

怎么 zěnme	how, what, why	как
怎么样 zěnmeyàng	how	как
怎么办 zěnme bàn	what to do	что делать, как поступить

怎 怎

19 忘 wàng
forget
забыть

忘了 wàng le	forget	забыл
难忘 nánwàng	unforgettable	незабываемый

忘 忘

189

⑳ 想 xiǎng 〈 相 心

miss

хотеть, скучать

想家 xiǎng jiā	homesick	скучать по дому
想法 xiǎngfǎ	idea	идея

想 想 想

㉑ 意 yì 〈 立 日 心

meaning; wish

смысл

意思 yìsi	meaning	смысл, значение
心意 xīnyì	intention	мысль, пожелание

意 意 意

㉒ 思 sī 〈 田 心

consider, long for

думать

有意思 yǒu yìsi	interesting	интересный
没意思 méi yìsi	boring	бессмысленный

思 思

㉓ 急 jí 〈 刍 心

anxious, urgent

торопиться

着急 zháojí	anxious	торопиться, злиться

急 急 急

㉔ 感 gǎn 〈 咸 心

feel

чувствовать

感觉 gǎnjué	feel	чувство, ощущение
感谢 gǎnxiè	grateful	благодарить
感冒 gǎnmào	catch a cold	простудиться

感 感 感 感 感 感 感

㉕ 愿 〈 原 心
yuàn

wish
желать, хотеть

| 愿意 yuànyì | would like　желать, хотеть |
| 志愿者 zhìyuànzhě | volunteer　доброволец |

愿 愿 愿 愿

㉖ 看 〈 手 目
kàn

look
смотреть

看书 kàn shū	read a book　читать книгу
好看 hǎokàn	good-looking　красивый
看见 kànjiàn	see　увидеть

看 看

㉗ 着 〈 羊 目
zhe

(an auxiliary at the end of a verb to indicate the continuation of an action or a state)
обозначает длительность действия

| 坐着 zuòzhe | sitting　сидя |
| 站着 zhànzhe | standing　стоя |

着 着 着 着

㉘ 省 〈 少 目
shěng

province
провинция

| 广东省 Guǎngdōng shěng | Guangdong Province　провинция Гуандун |
| 四川省 Sìchuān shěng | Sichuan Province　провинция Сычуань |

省 省

㉙ 带 〈 ⺌ 巾
dài

bring
приносить

| 带来 dài lái | bring　принести |
| 带钱 dài qián | bring money with oneself　взять деньги с собой |

带 带 带 带

上边的"⺌"是三个短竖，不要写成"艹"。

At the top ⺌ are three short vertical strokes instead of 艹.

Сверху пишутся три короткие вертикальные, а не ключ 艹.

30 **帮** bāng 〈 邦 巾

help
помогать

帮助 bāngzhù	aid помогать	
帮忙 bāngmáng	help помогать	

帮 帮 帮 帮

三、书写练习

Writing Practice
Упражнения на написание иероглифов

1. 请给下列部件加上一个偏旁，组成一个上下结构的新汉字。

Add a radical to each of the following characters to form another up-down-structured character.
Добавьте к элементу ключ и получите новый иероглиф структуры сверху вниз.

① 咸　② 你　③ 手　④ ヨ
⑤ 邦　⑥ 令　⑦ 少　⑧ 执
⑨ 子　⑩ 匕

2. 请给下边的部件加上不同的偏旁，组成不同的汉字，试试看你可以组多少个汉字。

Add different radicals to the following components to form new characters, and see how many you can form.
Добавьте разные ключи к данным элементам и составьте разные иероглифы. Посмотрите, сколько иероглифов можно составить.

Example 子：________ → 子：好、学、字

① 乍：________　② 自：________

③ 巴：________　④ 匕：________

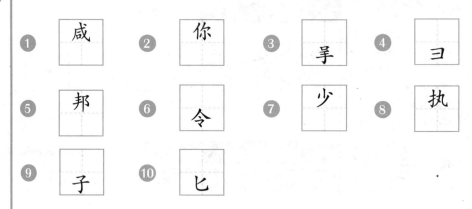

⑤ 工：_____　⑥ 且：_____

⑦ 见：_____　⑧ 田：_____

⑨ 女：_____　⑩ 令：_____

⑪ 日：_____　⑫ 卩：_____

3. 看拼音写汉字。

Write characters according to *pinyin*.

Запишите иероглифы по транскрипции «пиньинь».

Example　māma(　　) → māma (妈妈)

① kàn jiàn (　　　)　② diǎn cài (　　　　)

③ jīngcháng (　　　　)　④ shí táng (　　　　)

⑤ wàng le (　　　)　⑥ xiǎng jiā (　　　　)

⑦ xūyào (　　　)　⑧ yǒu yìsi (　　　　)

⑨ dài qián (　　　)　⑩ xià xuě (　　　　)

四、认读练习

Identifying and Reading Practice

Упражнения на распознавание и чтение иероглифов

1. 认读词语：两人一组一个人(A)读序号为单数号1、3、5、7、……29的词语，另一个人(B)读双数号2、4、6、8……30的词语。

Identify and read words: working in pairs, one (A) reads odd-numbered words and the other (B) reads even-numbered words.

Распознавание и чтение слов. Упражнение в паре: один человек (A) читает слова под нечетными номерами 1, 3, 5, 7 и так до 29, а другой человек (B) – под четными номерами 2, 4, 6, 8 и так до 30.

给学生的提示：

如果你的同伴念错了，或者忘了，你可以轻轻地提醒他（她）。如果你们都忘了字词的读音和意思，请看看"二、学写汉字"的内容。

Note to the students: if your partner misreads or forgets the word, you can remind him or her in a low voice. If both of you forget the pronunciation and meaning, refer to "II. Learn to Write Chinese Characters".

Студенту: если одноклассник прочитал неверно или забыл, как читается, вы можете потихоньку подсказать ему, если же вы оба забыли чтение и значение, то можно заглянуть в часть «2. Учимся писать иероглифы».

① 老：老师 老人
② 者：作者 或者
③ 考：考试 考场
④ 学：学习 大学 学校
⑤ 觉：睡觉 觉得 感觉
⑥ 常：经常 不常
⑦ 堂：食堂 课堂 教堂
⑧ 掌：鼓掌
⑨ 雪：下雪 滑雪
⑩ 需：需要
⑪ 零：零下 零钱
⑫ 点：几点了？ 地点 一点儿
⑬ 热：热水 热情
⑭ 照：照片 护照
⑮ 然：当然 虽然 然后
⑯ 您：您好 您先请
⑰ 息：休息
⑱ 怎：怎么 怎么样 怎么办
⑲ 忘：忘了 难忘
⑳ 想：想家 想法
㉑ 意：意思 心意
㉒ 思：有意思 没意思
㉓ 急：着急
㉔ 感：感觉 感谢 感冒
㉕ 愿：愿意 志愿者
㉖ 看：看书 好看 看见
㉗ 着：坐着 站着
㉘ 省：广东省 四川省
㉙ 带：带来 带钱
㉚ 帮：帮助 帮忙

2. 请读一读下列句子。

Identify and read the following sentences.

Прочитайте предложения.

① 这里冬天特别冷，经常下大雪，最高气温（qìwēn, temperature/температура воздуха）只有零下10℃。

② 这个汉字是什么意思？

③ 他很热情，常常帮助同学，大家都很感谢他。

④ 这次考试你考得怎么样?

⑤ 大家觉得他唱得很好，都给他鼓掌。

⑥ 你急什么?

⑦ 我忘了带钱，怎么办?

⑧ 每天晚上他或者看书，或者看电视。

⑨ 请出示（chūshì, show/предъявить）您的护照。

⑩ 他不愿意跟我们一起去。

3. 读一读，认一认。这是一张中国地图，请你找找看，你可以认读出来多少个地名，并且给它们标上拼音。

Read and Learn. This is a map of China. See how many place names you know and mark them with *pinyin*.

Прочитайте и узнайте. Это карта Китая. Какие географические названия вы можете прочитать? Подпишите транскрипцию «пиньинь».

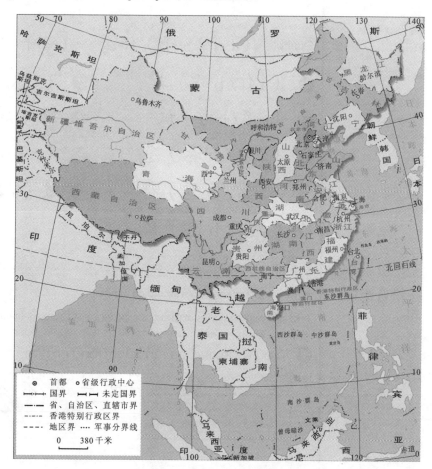

五、综合练习

Comprehensive Exercises
Общие упражнения

1. 请按照名称写出相应的偏旁。

Write the appropriate radicals.

Напишите ключи.

① xuězìtóu _____ ② lǎozìtóu _____ ③ xīnzìdǐ _____

④ jīnzìdǐ _____ ⑤ chángzìtóu _____ ⑥ sìdiǎndǐ _____

⑦ mùzìdǐ _____ ⑧ yǔzìtóu _____

2. 选字组词。

Form words with proper characters.

Выберите подходящий иероглиф и составьте слово.

Example （a 干/b 千）什么 → （ⓐ 干/b 千）什么

① （a 作/b 昨）者 ② （a 愿/b 感）谢

③ （a 老/b 考）试 ④ 护（a 照/b 热）

⑤ （a 着/b 春）急 ⑥ （a 高/b 帮）忙

⑦ （a 常/b 觉）得 ⑧ 鼓（a 拿/b 掌）

⑨ （a 怎/b 忘）么

3. 按拼音组词成句。

Write words and sentences according to *pinyin*.

Составьте предложения из данных слов по транскрипции «пиньинь».

① Tā bú yuànyì yí ge rén qù shítáng chīfàn.

去 吃饭 愿意 他 食堂 一 个 不 人

② Nǐ lái kàn wǒ, jīntiān wǔfàn dāngrán wǒ qǐng kè.

你 我 请客 来 今天 看 当然 我 午饭

_____

③ Wǒ hěn xiǎng zhīdào nǎ běn shū de zuòzhě shì shuí.

作者 我 知道 想 是 很 谁 那 的 本 书

_____

④ Gāng lái Zhōngguó de shíhou, tā fēicháng xiǎng jiā.

她 的 中国 刚 来 时候 想家 非常

_____

⑤ Wǒmen cóng xīngqīyī dào xīngqīwǔ shàng kè, xīngqīliù hé xīngqīrì xiūxi.

从 我们 星期日 星期一 到 星期五 星期六 和
上课 休息

_____

4. 请写出你知道
的带有下列偏
旁的汉字。写
完后与同伴交
流一下，看看
谁写得又多又
好。然后互相
学习，把自己
没写出来的汉
字补充进来。

Write down characters with the following radicals. Check with your partner, see who writes more correctly. Then learn from each other and add what is missed in your box.

Запишите известные вам иероглифы с нижеследующими ключами. Затем обменяйтесь записями с одноклассником и посмотрите, у кого написано больше и лучше. Поучитесь друг у друга, добавив иероглифы, которые вы сначала не записали.

Example　女：妈、妹 _____

① 钅： _____

② 雨： _____

③ 艹： _____

④ 灬 ： _____

⑤ 灬： _____

⑥ 心： _____

⑦ 目： _____

⑧ 巾： _____

给学生的提示：

＊本课学习的汉字都要正确写出来，而且写得越多越好。
＊请把你从同伴那里学到的汉字写在这里。

Note to the student:
* Write all the characters learned in the lesson. The more, the better.
* Write down what you learned from your partner in here.

Студенту:
*Необходимо правильно написать изученные иероглифы, и чем больше, тем лучше.
*Запишите внизу иероглифы, которые вы увидели у одноклассника.

六、课后作业

After-class Assignments
Домашняя работа

1. 打字练习。下列词语都是由学过的字组成的，你知道它们的意思吗？如果不知道，请你先查词典，记住它们的意思，然后在电脑上打出来。

Tying Practice. The following words are made up of the learned characters. Do you know their meanings? If not, look them up in the dictionary, remember the meanings and then type them on your computer.

Упражнение на ввод иероглифов. Нижеследующие слова состоят из изученных иероглифов. Вы знаете, что они означают? Если нет, посмотрите в словарь и запомните их значение, а затем наберите их на компьютере.

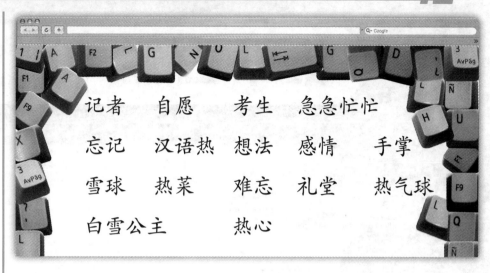

记者　　自愿　　考生　　急急忙忙

忘记　　汉语热　想法　　感情　　手掌

雪球　　热菜　　难忘　　礼堂　　热气球

白雪公主　　　　热心

2. 街头汉字。读一读，记一记。

Chinese characters on the Street. Read and remember.
Иероглифы на улице.Прочитайте и запомните.

安全出口 (ānquán chūkǒu)
Exit　Безопасный выход

请勿拍照 (qǐng wù pāi zhào)
No Photo　Фото и видеосъемка запрещены

禁止吸烟 (jìnzhǐ xīyān)。
No Smoking　Не курить

第十三课 | **Lesson УРОК**

13

学习目标

Objectives
Цели урока

1 学习7个偏旁。

Learn 7 radiccals.
Изучить 7 ключей.

厂 广 尸 户 疒 ナ 木

2 学写30个汉字。

Learn to write 30 characters.
Научиться писать 30 иероглифов.

lì	tīng	yuán	chuáng	mà	diàn	yīng	zuò	qìng	dù
历	厅	原	床	麻	店	应	座	庆	度

xí	kāng	tíng	miào	fǔ	shà	céng	wū	jú	jū
席	康	庭	庙	府	厦	层	屋	局	居

fáng	bìng	téng	zuǒ	yòu	yǒu	yǒu	bù	zài	cún
房	病	疼	左	右	有	友	布	在	存

Identify and read 49 words.
Распознавать и читать 49 слов.

3 认读49个词语。

汉字知识

Knowledge of Chinese Characters
Иероглифические знания

Memorize Chinese Characters by Differentiating Their Components (2)

The following radicals with similar shapes are different in composition of strokes, meanings and locations in characters. The acquisition of such knowledge contributes to the memorizing and writing of characters.

Запоминание иероглифов путем различия ключей (2)

Нижеследующие, схожие ключи, нужно различать по набору черт, смыслу и структуре, это поможет правильно запоминать и писать иероглифы, включающие такие ключи.

ナ：左 友   户：房 肩 扇   辶：进 近   纟：红 绿   广：店 庆
厂：原 历   尸：屋 居 局   又：建 延   幺：累 系   疒：病 疼

一、学写偏旁

Learn to Write Radicals

Учимся писать ключи

"厂、广、尸、户"既可独立成字，又可作为偏旁；而"疒、广、彳"不能独立成字，只作偏旁。这些偏旁一般位于包围结构的左上部。

厂, 广, 尸 and 户 in the following can be used as characters independently and as radicals; 疒, 广 and 彳 can only be used as radicals. They are usually placed at the up left in inside-outside-structured characters.

Ключи 厂, 广, 尸 и 户 могут быть и отдельными иероглифами, и ключами; 疒, 广 и 彳 не может выступать в качестве отдельного иероглифа и может быть только ключом. Эти ключи, как правило, находятся в левой верхней части охватывающей структуры.

①

chǎngzìpáng
厂字旁

由"厂"组成的汉字一般与山崖或住处有关。

Characters containing 厂 are usually related to cliffs or residences.

Иероглифы, в состав которых входит ключ 厂, как правило, связаны со скалами или местом жительства.

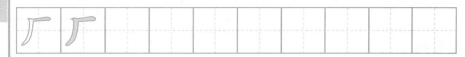

注意第一笔是横。

The first stroke is a horizontal one.

Первая черта – горизонтальная.

②

guǎngzìpáng
广字旁

由"广"组成的汉字一般与房屋或场所有关。

Characters with the 广 are usually related to houses or places.

Иероглифы, в состав которых входит ключ 广, как правило, связаны с жилищем или местом.

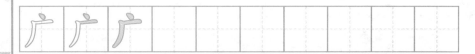

③

shīzìpáng
尸字旁

由"尸"组成的汉字一般与人有关。

Characters with 尸 are usually related to people.

Иероглифы, в состав которых входит ключ 尸, как правило, связаны с человеком.

注意第一笔是"㇆"。

The first stroke is a horizontal-turning one.

Обратите внимание, что первая черта – ломаная горизонтальная.

④

hùzìpáng
户字旁

由"户"组成的汉字一般与房屋有关。

Characters with the radical 户 are usually related to houses.

Иероглифы, в состав которых входит ключ 户, как правило, связаны с жилищем.

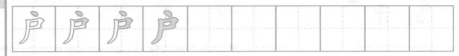

"尸"的上边加一个"丶"。

Add a point stroke at the top of 尸.

Над иероглифом 尸 пишется точка.

⑤

bìngzìpáng
疒字旁

由"疒"组成的汉字一般与疾病、病痛有关。

Characters with the radical 疒 are usually related to diseases and pain.

Иероглифы, в состав которых входит ключ 疒, как правило, связаны с болезнями и болями.

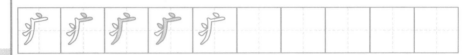

⑥

yǒuzìpáng
有字旁

由"ナ"组成的汉字一般与手有关。

Characters with the radical ナ are usually related to hands.

Иероглифы, в состав которых входит ключ ナ, как правило, связаны с рукой.

⑦

zàizìpáng
在字旁

只是构字成分。

It is only a radical.

Является лишь элементом иероглифа.

二、学写汉字

Learn to Write Chinese Characters

Учимся писать иероглифы

①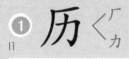

lì

experience; calendar

пережить; кален-дарь

历史 lìshǐ   history история

② 厅 〈厂丁

tīng

room

зал; управление

大厅	dàtīng	lobby главный зал
餐厅	cāntīng	dining hall ресторан
客厅	kètīng	living room гостиная

③ 原 〈厂白小

yuán

former

изначальный

| 原因 | yuányīn | cause причина |
| 原来 | yuánlái | original изначально |

④ 床 〈广木

chuáng

bed

кровать

| 起床 | qǐ chuáng | get up вставать с постели |
| 一张床 | yì zhāng chuáng | a bed одна кровать |

⑤ 麻 〈广林

má

hemp fiber; numb

конопля

| 麻烦 | máfan | trouble проблемы, проблематичный |

⑥ 店 〈广占

diàn

shop

магазин

商店	shāngdiàn	store магазин
饭店	fàndiàn	restaurant ресторан
酒店	jiǔdiàn	hotel гостиница

⑦ 应 yīng 〈广 ㄧㄩ

should
должен, следует

应该 yīnggāi should должен, следует

应 应 应 应 应

⑧ 座 zuǒ 〈广 坐

seat
место

座位 zuòwèi seat сидение, место

座 座 座 座

⑨ 庆 qìng 〈广 大

celebrate
праздновать

庆祝 qìngzhù celebrate праздновать
国庆节 Guóqìng jié National Day День образования КНР

庆 庆

⑩ 度 dù 〈广 廿 又

degree
степень, градус

温度 wēndù temperature температура
多少度 duōshao dù what degree сколько градусов

度 度 度 度 度 度

⑪ 席 xí 〈广 廿 巾

place; seat
циновка; место

主席 zhǔxí chairman председатель

席 席 席

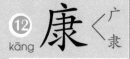

⑫ 康 kāng 〈广 隶

health
здоровый

健康 jiànkāng health здоровый

康 康 康 康 康 康 康 康

⑬ 庭 tíng 〈 广 廷

court
двор

家庭 jiātíng | family семья

庭 庭 庭 庭 庭 庭 庭

⑭ 庙 miǎo 〈 广 由

temple
храм

寺庙 sìmiào | temple храм

庙 庙

⑮ 府 fǔ 〈 广 付

residence
округ; дворец

政府 zhèngfǔ | government правительство

府 府 府

⑯ 厦 shà 〈 厂 夏

tall building
здание

大厦 dàshà | mansion высотное здание

厦 厦 厦 厦 厦

⑰ 层 céng 〈 尸 云

layer, floor
этаж

几层 jǐ céng | which floor какой этаж
六层 liù céng | Floor Six шестой этаж

层 层

⑱ 屋 wū 〈 尸 至

room
комната

房屋 fángwū | house комната, дом

屋 屋

⑲ 局 jū 〈 尸 司

bureau
управление, бюро

| 邮局 | yóujú | post office почта |
| 公安局 | gōng'ānjú | security bureau, police милицейский участок |

局 局 局

⑳ 居 jū 〈 尸 古

live, residence
жить

| 居住 | jūzhù | reside жить |

居 居

㉑ 房 fáng 〈 尸 方

house
дом

房子	fángzi	house квартира
房间	fángjiān	room комната
厨房	chúfáng	kitchen кухня

房 房

㉒ 病 bìng 〈 疒 丙

disease
болезнь

生病	shēng bìng	get sick заболеть
病人	bìngrén	patient больной
病房	bìngfáng	patients' room палата

病 病 病 病 病

㉓ 疼 téng 〈 疒 冬

ache
болеть

| 头疼 | tóuténg | headache болит голова |
| 肚子疼 | dùzi téng | stomachache болит живот |

疼 疼

㉔ 左 zuǒ 〈 ナ 工

left
левый

| 左边 | zuǒbiān | left слева |
| 往左拐 | wǎng zuǒ guǎi | turn to left поверните налево |

左 左

25 yǒu 右

right
правый

| 右边 yòubiān | right справа |
| 右手 yòushǒu | right hand правая рука |

26 yǒu 有

have
есть

| 没有 méiyǒu | not have нет |
| 有意思 yǒu yìsi | interesting интересный |

下边 "月" 的第一笔是 "丨"，不要写成 "丿"。
The first stroke at the bottom is a vertical one instead of a left-falling one.
Первая черта нижней части – вертикальная, а не откидная влево.

27 yǒu 友

friend
друг

| 朋友 péngyou | friend друг |
| 友谊 yǒuyì | friendship дружба |

28 bù 布

cloth
покрыться; расставить

| 公布 gōngbù | publicize объявить |

29 zài 在

be
в, находиться

| 在哪儿 zài nǎr | where где |
| 正在 zhèngzài | onging в процессе |

30 cún 存

save
хранить

| 存钱 cún qián | save money положить деньги (в банк) |

三、书写练习

Writing Practice

Упражнения на написание иероглифов

1. 请给下列部件
加上一个偏
旁，组成一个
包围结构的新
汉字。

Add a radical to each of the following characters to form another inside-outside-structured character.

Добавьте к элементу ключ и получите новый иероглиф охватывающей структуры.

① 丙　② 泉　③ 隶　④ 冬

⑤ 云　⑥ 力　⑦ 林　⑧ 夏

⑨ 坐　⑩ 业　⑪ 付

2. 下边每组有四
个汉字，请根
据字形挑选出
与其它三个不
同的一个汉
字。

Pick the character different from the rest three in form in each group.

Выберите иероглиф, отличный от других по форме.

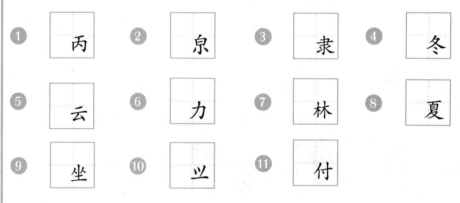

Example　a. 明 b. 姐 c. 妈 d. 姓 → ⓐ.明 b. 姐 c. 妈 d. 姓

① a. 布 b. 病 c. 府 d. 宿　② a. 秋 b. 村 c. 想 d. 难

③ a. 度 b. 常 c. 雪 d. 备　④ a. 居 b. 再 c. 店 d. 左

⑤ a. 有 b. 明 c. 朋 d. 胖　⑥ a. 笑 b. 房 c. 冬 d. 公

3. 看拼音写汉
字。

Write characters according to *pinyin*.

Запишите иероглифы по транскрипции «пиньинь».

Example　　māma (　　) → māma (妈妈)

① péngyou (　　　)　② shí'èr céng (　　　)

③ yōushǒu （　　　　）　　④ zuǒwèi （　　　　）

⑤ yì zhāng chuáng （　　　　）　　⑥ cún qián （　　　　）

⑦ qìngzhù （　　　　）　　⑧ gōng'ānjú （　　　　）

⑨ zhèngfǔ （　　　　）　　⑩ jiātíng （　　　　）

四、认读练习

Identifying and Reading Practice

Упражнения на распознавание и чтение иероглифов

1. 认读词语：两人一组，一个人（A）读序号为单数号1、3、5、7、……29的词语，另一个人（B）读双数号2、4、6、8……30的词语。

Identify and read words: working in pairs, one (A) reads odd-numbered words and the other (B) reads even-numbered words.

Распознавание и чтение слов. Упражнение в паре: один человек (А) читает слова под нечетными номерами 1, 3, 5, 7 и так до 29, а другой человек (В) – под четными номерами 2, 4, 6, 8 и так до 30.

给学生的提示：

如果你的同伴念错了，或者忘了，你可以轻轻地提醒他（她）。如果你们都忘了字词的读音和意思，请看看"二、学写汉字"的内容。

Note to the students: if your partner misreads or forgets the word, you can remind him or her in a low voice. If both of you forget the pronunciation and meaning, refer to "II. Learn to Write Chinese Characters".

Студенту: если одноклассник прочитал неверно или забыл, как читается, вы можете потихоньку подсказать ему, если же вы оба забыли чтение и значение, то можно заглянуть в часть «2. Учимся писать иероглифы».

① 历：历史　　② 厅：大厅　餐厅　客厅
③ 原：原因　原来　　④ 床：起床　一张床
⑤ 麻：麻烦　　⑥ 店：商店　饭店　酒店
⑦ 应：应该　　⑧ 座：座位
⑨ 庆：庆祝　国庆节　　⑩ 度：温度　多少度
⑪ 席：主席　　⑫ 康：健康
⑬ 庭：家庭　　⑭ 庙：寺庙
⑮ 府：政府　　⑯ 厦：大厦
⑰ 层：几层　六层　　⑱ 屋：房屋
⑲ 局：邮局　公安局　　⑳ 居：居住

㉑ 房：房子　房间　厨房　　㉒ 病：生病　病人　病房

㉓ 疼：头疼　肚子疼　　　　　㉔ 左：左边　往左拐

㉕ 右：右边　右手　　　　　　㉖ 有：没有　有意思

㉗ 友：朋友　友谊　　　　　　㉘ 布：公布

㉙ 在：在哪儿　正在　　　　　㉚ 存：存钱

2. 认读下列句子。

Identify and read the following sentences.

Прочитайте предложения.

① 祝你身体健康！

② 他的同屋是英国人。

③ 那座山上有一座很有名的寺庙。

④ 我在饭店的大厅等你。

⑤ 这家餐厅已经没有座位了，我们换一家吧。

⑥ 你最好把钱存在银行。

⑦ 他病了，好几天没来上课了。

⑧ 他住在这个大厦的十五层。

⑨ 你知道现在中国的国家主席是谁吗？

⑩ 他有一个幸福的家庭。

3. 认读下列短文。

Identify and read the following passage.

Прочитайте текст.

　　我昨天去公安局大楼办事。公安局大楼有15层，我去的办公室在12层，要坐电梯。到了办公室的时候，我看到今天来办事的人很多，就在座位上等着。10分钟后，我可以办手续了。工作人员问我："你带护照了吗？"我说："带了。"他又问："你带照片了吗？"我说："我忘了！"他说："你应该带两张照片来。"怎么办？只好明天再来一次了，真麻烦！

五、综合练习

Comprehensive Exercises
Общие упражнения

1. 请按照名称写出相应的偏旁。

Write the appropriate radicals.

Напишите ключи.

① guǎngzìpáng ＿＿＿　② chǎngzìpáng ＿＿＿　③ hùzìpáng ＿＿＿

④ bìngzìpáng ＿＿＿　⑤ yǒuzìpáng ＿＿＿　⑥ zāizìpáng ＿＿＿

⑦ shīzìpáng ＿＿＿

2. 请给下边的部件加上不同的偏旁，组成不同的汉字。

Add different radicals to the following components to form different characters.

Добавьте разные ключи к данному элементу и составьте разные иероглифы.

Example　十：＿＿＿　→　十：什 汁

① 古：＿＿＿　② 子：＿＿＿　③ 工：＿＿＿

④ 丁：＿＿＿　⑤ 至：＿＿＿　⑥ 巾：＿＿＿

⑦ 方：＿＿＿　⑧ 土：＿＿＿　⑨ 由：＿＿＿

3. 按拼音组词成句。

Write words and sentences according to *pinyin*.

Составьте предложения из данных слов по транскрипции «пиньинь».

① Tā zài dàxué xuéxí Zhōngguó lìshǐ.

他 大学 学习 在 历史 中国

＿＿＿＿＿＿＿＿＿＿＿＿＿＿

② Xiànzài yǒu hěn duō wàiguórén jūzhù zài Běijīng.

在 外国人 有 居住 很 多 北京 现在

＿＿＿＿＿＿＿＿＿＿＿＿＿＿

③ Wǒ zài fàndiàn de dàtīng děng nǐ.

你 我 在 的 等 大厅 饭店

④ Jīntiān zuì gāo qìwēn duōshao dù?

多少 高 气温 今天 最 度

⑤ Zhè ge chéngshì xīn jiàn le hěn duō gāolóu dàshà.

很 新 城市 这 大厦 个 多 建 高楼 了

六、课后作业

After-class Assignments
Домашняя работа

1. 打字练习。下列词语都是由学过的字组成的，你知道它们的意思吗？如果不知道，请你先查词典，记住它们的意思。然后在电脑上打出来。

Typing Practice. The following words are made up of the learned characters. Do you know their meanings? If not, look them up in the dictionary, remember the meanings and then type them on your computer.

Упражнение на ввод иероглифов. Нижеследующие слова состоят из изученных иероглифов. Вы знаете, что они означают? Если нет, посмотрите в словарь и запомните их значение, а затем наберите их на компьютере.

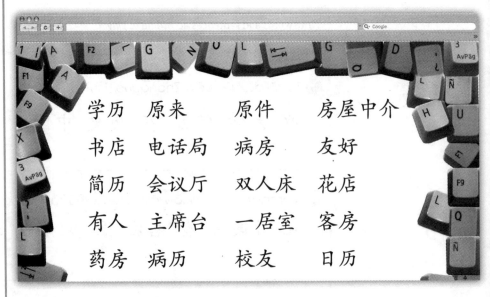

学历	原来	原件	房屋中介
书店	电话局	病房	友好
简历	会议厅	双人床	花店
有人	主席台	一居室	客房
药房	病历	校友	日历

2. 街头汉字。读
一读，记一
记。

Chinese characters on the street. Read and remember.

Иероглифы на улице. Прочитайте и запомните.

房屋中介(fángwū zhōngjiè)

Real Estate Agent   Агентство недвижимости

存包处(cúnbāochù)

Checkroom   Камера хранения

福建大厦(Fújiàn Dàshà)

Fujian Building   Высотное здание «Фуцзянь»

王府井大街(Wángfǔjǐng Dàjiē)

Wangfujing Street
Пешеходный проспект Ванфуцзин

213

学习目标

Objectives
Цели урока

1. 学习5个偏旁。

Learn 5 radicals.
Изучить 5 ключей.

勹 是 走 辶 又

2. 学写28个汉字。

Learn to write 28 characters.
Научиться писать 28 иероглифов.

bāo	jù	tí	shí/chí	qǐ	yuè	gǎn	qù	chāo	zhè
包	句	题	匙	起	越	赶	趣	超	这

biān	hái	guò	jìn	jìn	yuǎn	yùn	sòng	yíng
边	还	过	进	近	远	运	送	迎

shì	tōng	dào	mí	biàn	tuì	lián	xuǎn	jiàn
适	通	道	迷	遍	退	连	选	建

3. 认读51个词语。

Identify and read 51 words.
Распознавать и читать 51 слово.

汉字知识

Knowledge of Chinese Characters
Иероглифические знания

Memorize Chinese Characters by Differentiating the Pronunciations

There are over 1,200 syllables in Chinese (including 4 tones), but the number of frequently-used characters amounts to several thousand. Therefore, there must be many homophones or characters with similar pronunciations.

Homophones such as, 名—明, 今—斤—巾—金, 道—到, 十—食—拾。

Запоминание иероглифов путем фонетических различий

В стандартном китайском языке «путунхуа» имеется 1200 слогов (включая тоны), но распространенных иероглифов всего несколько тысяч; так как на несколько тысяч иероглифов приходится более тысячи слогов, существует немало иероглифов, которые имеют одинаковое и схожее чтение. Например, иероглифы с одинаковым чтением.

Characters with similar pronunciations such as characters with the four tones of *yi*: 一, 医, 以, 已, 艺, 易, 议, 衣, 意, etc.

Similarity of pronunciation helps save memory units, but it causes confusion. Therefore, careful attention is required.

Characters and Words

The high efficiency of Chinese language lies in the fact that one or two thousand characters can combine one another to create thousands of words.

Sometimes, a character can be a word, such as 人, 好, etc. Most Chinese words have two syllables. Major methods of forming words with characters are as follows:

1. Juxtaposition, such as 朋友, 儿童 and 学习.
2. Modifier+head, such as 汉字, 广场 and 海水.
3. N+V, such as 头疼.
4. V+N, such as 打球 and 说话.
5. Prefix or suffix, such as: 老虎, 老师, 科学家, 洗衣机 and 本子.

Among the above methods, the first two categories, juxtaposotion and modifier + head, are of a large proportion.

Например, 名—明, 今—斤—巾—金, 道—到, 十—食—拾.

Иероглифы со схожим чтением

Иероглифы, которые читаются yi в разных тонах, включают: 一, 医, 以, 已, 艺, 易, 议, 衣, 意 и т.д.

Хотя благодаря иероглифам с одинаковым и схожим чтением меньше приходится запоминать, между ними может возникнуть путаница, поэтому нужно быть внимательными.

Иероглифы и слова

Высокая эффективность китайских иероглифов проявляется в том, что из одной-двух тысяч самых распространенных иероглифов можно с легкостью составить десятки тысяч слов.

В китайском языке иероглиф иногда обозначает одно слово, например, 人 «человек, 好 хорошо и т.д. Но все же превалируют двуслоги. Существует несколько видов образования слов из иероглифов:

1. Существительное + существительное: например, 朋友, 儿童, 学习.
2. Прилагательное + существительное: например, 汉字, 广场, 海水.
3. Подлежащее + сказуемое: 头疼.
4. Глагол + дополнение: 打球, 说话.
5. Префиксальное или суффиксальное образование: например, 老虎, 老师, 科学家, 洗衣机, 本子.

Из вышеуказанных слов большую часть занимают слова, образованные по типу существительное + существительное и прилагательное + существительное.

一、学写偏旁

Learn to Write Radicals

Учимся писать ключи

本课学习的五个偏旁都位于包围结构汉字的外部。其中"勹、辶、廴"不能独立成字，仅作偏旁；而"是、走"既可独立成字，又可作偏旁，但需注意的是，当二者做偏旁时，最后的"㇏"要写得长一些。

The five radicals learned in this lesson are all the outside parts of the inside-outside-structured characters. Among them, 勹、辶 and 廴 cannot be used independently but as radicals. 是 and 走 can be used both independently and as radicals; however, the last stroke, a right-falling one, is required to be longer when the two radicals are used.

Все пять ключей, изучаемых в данном уроке, являются охватывающими элементами охватывающей структуры иероглифа. Среди них 勹、辶 и 廴 не могут выступать в качестве отдельных иероглифов и могут быть лишь ключами. А 是 и 走 могут быть и отдельными иероглифами, и ключами, но следует отметить, что в последнем случае последняя черта - откидная вправо - пишется длиннее.

① 勹

bāozìtóu
包字头

多做构字成分。

It is mostly used as a radical.

В большинстве случаев выступает в качестве элемента иероглифа.

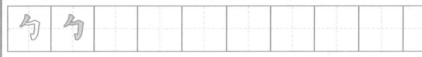

② 是

shìzìpáng
是字旁

由"是"作为偏旁组成的汉字并不多,本课学的两个是其中最为常用的。

The number of characters with 是 is small and the two learned in this lesson are the most frequently used.

Иероглифов, включающих ключ 是, очень мало, два из них, которые изучаются в данном уроке, – самые употребительные.

③ 走

zǒuzìpáng
走字旁

由"走"组成的汉字大都与跑或快走的动作有关。

Characters with 走 are mostly related to running or fast walking.

Иероглифы, в состав которых входит ключ 走, в большинстве случаев связаны с бегом или быстрой ходьбой.

④ 辶

zǒuzhīpáng

走之旁

由"辶"组成的汉字多与行走、行动有关。
Characters with 辶 are mostly related to walking or moving.
Иероглифы, в состав которых входит ключ辶, в большинстве случаев связаны с ходьбой и движением.

一共有三笔，不要把第二笔和第三笔写成一笔。
There are three strokes and do not mistake the second and third ones for one.
Состоит из 3 черт - не надо вторую и третью черту превращать в одну черту.

⑤ 廴

jiànzhīpáng

建之旁

由"廴"组成的汉字一般与建设、延长有关。
Characters with 廴 are usually related to construction and extension.
Иероглифы, в состав которых входит ключ廴, как правило, связаны со строительством и продлением.

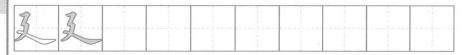

一共两笔，第二笔"乀"要与第一笔"𠃋"的下部相交，不要写成相接。
There are two strokes. The second one, a right-falling one, and the lower of the first stroke 𠃋 cross each other.
Состоит из 2 черт, вторая черта 乀 откидная вправо 𠃋 пересекается с нижней частью первой черты, а не просто соединяется.

二、学写汉字

Learn to Write Chinese Characters

Учимся писать иероглифы

① 包

bāo

bag

сумка

书包 shūbāo	school bag рюкзак
钱包 qiánbāo	wallet кошелек

② 句

jù

sentence

фраза

句子 jùzi	sentence предложение
一句话 yí jù huà	a sentence одна фраза, слово

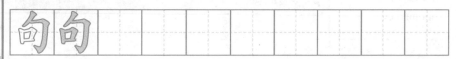

217

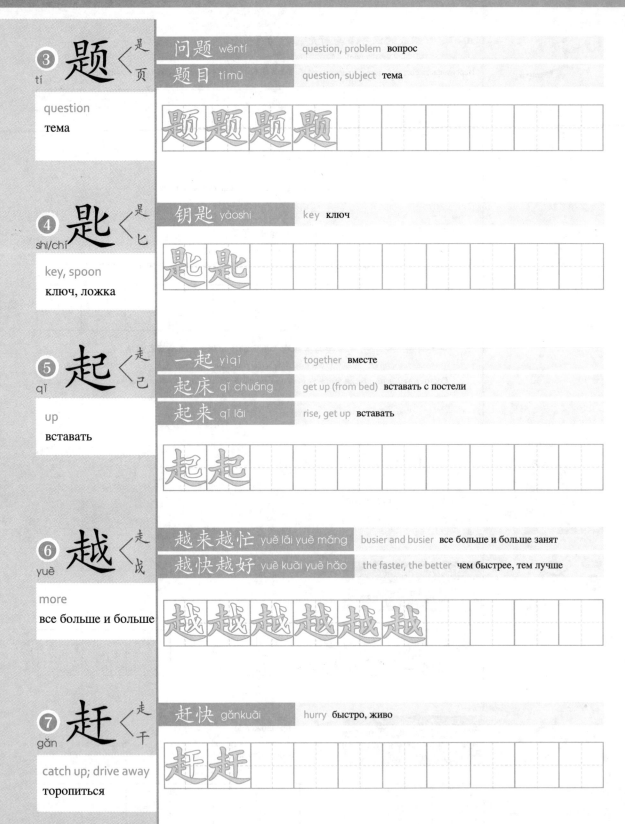

③ 题 是/页
tí
question
тема

问题 wèntí — question, problem вопрос
题目 tímù — question, subject тема

④ 匙 是/匕
shi/chí
key, spoon
ключ, ложка

钥匙 yàoshi — key ключ

⑤ 起 走/己
qǐ
up
вставать

一起 yìqǐ — together вместе
起床 qǐ chuáng — get up (from bed) вставать с постели
起来 qǐ lái — rise, get up вставать

⑥ 越 走/戉
yuè
more
все больше и больше

越来越忙 yuè lái yuè máng — busier and busier все больше и больше занят
越快越好 yuè kuāi yuè hǎo — the faster, the better чем быстрее, тем лучше

⑦ 赶 走/干
gǎn
catch up; drive away
торопиться

赶快 gǎnkuài — hurry быстро, живо

⑧ **趣** ‹ 走 取
qù

interest
интерес

| 兴趣 xìngqù | interest интерес |
| 有趣 yǒuqù | interesting интересный |

⑨ **超** ‹ 走 召
chāo

super, surpass
супер-,
превосходить

| 超市 chāoshì | supermarket супермаркет, магазин |

⑩ **这** ‹ 文 辶
zhè

this
этот

| 这儿 zhèr | here тут |
| 这么 zhème | so так |

⑪ **边** ‹ 力 辶
biān

side
сторона

旁边 pángbiān	nearby рядом
一边 yìbiān	one side сторона
后边 hòubiān	back сзади

⑫ **还** ‹ 不 辶
hái

still
еще

| 还有 hái yǒu | still have еще |
| 还是 háishi | still, or все еще, по-прежнему |

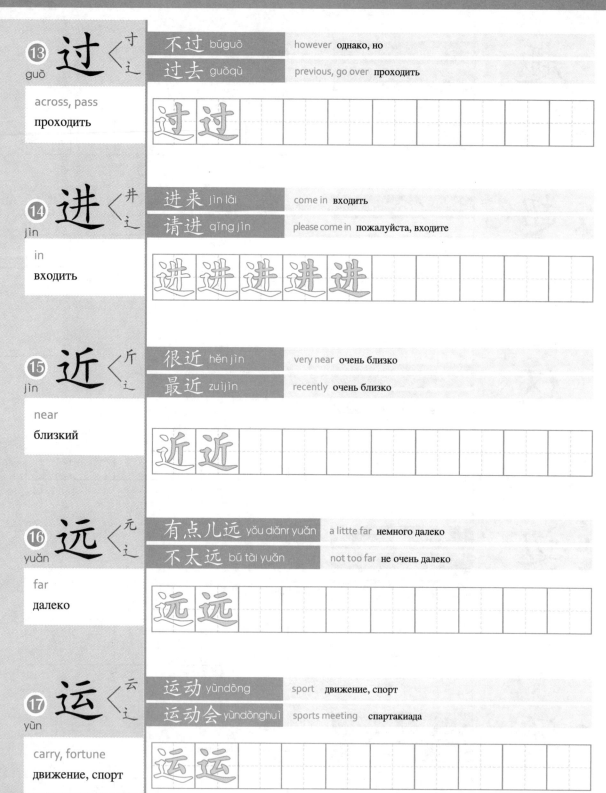

⑬ 过 guò 〈 寸 辶

across, pass
проходить

不过 búguò — however однако, но
过去 guòqù — previous, go over проходить

⑭ 进 jìn 〈 井 辶

in
входить

进来 jìn lái — come in входить
请进 qǐng jìn — please come in пожалуйста, входите

⑮ 近 jìn 〈 斤 辶

near
близкий

很近 hěn jìn — very near очень близко
最近 zuìjìn — recently очень близко

⑯ 远 yuǎn 〈 元 辶

far
далеко

有点儿远 yǒu diǎnr yuǎn — a littte far немного далеко
不太远 bú tài yuǎn — not too far не очень далеко

⑰ 运 yùn 〈 云 辶

carry, fortune
движение, спорт

运动 yùndòng — sport движение, спорт
运动会 yùndònghuì — sports meeting спартакиада

⑱ **送**　关
辶

sòng

send

дарить

送礼物 sòng lǐwù　give a gift　дарить подарок

送 送

⑲ **迎**　卬
辶

yíng

greet, meet

встречать

欢迎 huānyíng　welcome　добро пожаловать

迎 迎 迎 迎

⑳ **适**　舌
辶

shì

suitable

подходящий

合适 héshì　appropriate　подходящий
适应 shìyìng　adapt　адаптироваться, привыкнуть

适 适

㉑ **通**　甬
辶

tōng

through

проходить

交通 jiāotōng　transportation　транспорт
通知 tōngzhī　notice　сообщить

通 通 通 通 通 通 通 通

㉒ **道**　首
辶

dào

way, say

путь

知道 zhīdào　know　знать
道路 dàolù　way　путь

道 道 道 道

221

23 迷 mí 〈 米 辶

fan, confuse
болельщик

| 球迷 | qiúmí | fan of a ball game болельщик игр в мяч |
| 歌迷 | gēmí | fan of a singer фанат певца или певицы |

24 遍 biàn 〈 扁 辶

time
как

| 看一遍 | kàn yí biàn | look once посмотреть один раз |
| 听一遍 | tīng yí biàn | listen once послушать один раз |

25 退 tuì 〈 艮 辶

move back
отступить

| 退休 | tuìxiū | retire выйти на пенсию |
| 退步 | tuìbù | lag behind регресс |

26 连 lián 〈 车 辶

link, even
непрерывный

| 连忙 | liánmáng | promptly наспех, поспешно |

27 选 xuǎn 〈 辶 先

choose
выбрать

| 选择 | xuǎnzé | choose выбрать |

28 建 jiàn 〈 聿 廴

build
построить

| 建筑 | jiànzhù | building здание |
| 建设 | jiànshè | construct построить |

三、书写练习

Writing Practice
Упражнения на написание иероглифов

1. 看看下列各组
   汉字结构上有
   什么特点；然
   后将所给的
   二十个汉字归
   类。

Find the characteristics of the structure of each group, and then classify the given 20 characters to the proper group.

Назовите особенности структуры иероглифов на свитках, затем впишите 20 данных иероглифов в соответствующий свиток.

万	次	各	笑	选	场	老	小	店	极
超	都	花	年	建	钱	要	雨	病	飞

A

大

B

现

C

题

D

爸

223

2. 请用A栏中的偏旁与B栏中的部件组成汉字，填写在空白栏中。注意B栏中的每个部件可多次使用。

Form characters with the radicals in Column A and the components in Column B. Then write them in the blank. Those in Column B can be used more than once.

Составьте иероглиф из ключа в колонке A и элемента в колонке B и впишите в овал. Обратите внимание на то, что элементы из колонки B можно использовать много раз.

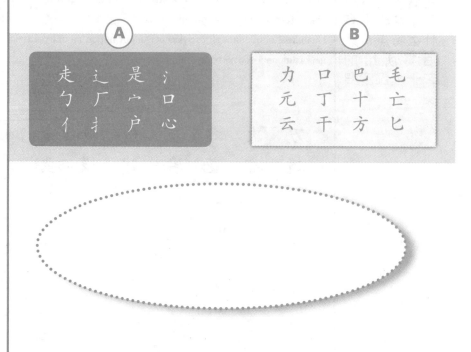

3. 看拼音写汉字。

Write characters according to *pinyin*.

Запишите иероглифы по транскрипции «пиньинь».

Example	māma( ) ⟶ māma(妈妈)

① zhěli (　　　　)

② zǒu guò lái (　　　　)

③ háishi (　　　)

④ tōngzhī (　　　)

⑤ hěn jìn (　　　)

⑥ qiúmí (　　　)

⑦ sòng gěi péngyou (　　　)

⑧ dàolù (　　　)

⑨ yuè lái yuè yuǎn (　　　)

⑩ yǒuqù jíle (　　　)

四、认读练习

Identify and Read Practice

Упражнения на распознавание и чтение иероглифов

1. 认读词语：两人一组，一个人（Ａ）读序号为单数号1、3、5、7、……27的词语，另一个人（Ｂ）读双数号2、4、6、8……28的词语。

Identify and read words: working in pairs, one (A) reads odd-numbered words and the other (B) reads even-numbered words.

Распознавание и чтение слов. Упражнение в паре: один человек (А) читает слова под нечетными номерами 1, 3, 5, 7 и так до 27, а другой человек (В) – под четными номерами 2, 4, 6, 8 и так до 28.

给学生的提示：

如果你的同伴念错了，或者忘了，你可以轻轻地提醒他（她）。如果你们都忘了字词的读音和意思，请看看"二、学写汉字"的内容。

Note to the students: if your partner misreads or forgets the word, you can remind him or her in a low voice. If both of you forget the pronunciation and meaning, refer to "II. Learn to Write Chinese Characters".

Студенту: если одноклассник прочитал неверно или забыл, как читается, вы можете потихоньку подсказать ему, если же вы оба забыли чтение и значение, то можно заглянуть в часть «2. Учимся писать иероглифы».

❶ 包：书包 钱包	❷ 句：句子 一句话
❸ 题：问题 题目	❹ 匙：钥匙
❺ 起：一起 起床 起来	❻ 越：越来越忙 越快越好
❼ 赶：赶快	❽ 趣：兴趣 有趣
❾ 超：超市	❿ 这：这儿 这么
⑪ 边：旁边 一边 后边	⑫ 还：还有 还是
⑬ 过：不过 过去	⑭ 进：进来 请进
⑮ 近：很近 最近	⑯ 远：有点儿远 不太远
⑰ 运：运动 运动会	⑱ 送：送礼物
⑲ 迎：欢迎	⑳ 适：合适 适应
㉑ 通：交通 通知	㉒ 道：知道 道路
㉓ 迷：球迷 歌迷	㉔ 遍：看一遍 听一遍
㉕ 退：退休 退步	㉖ 连：连忙
㉗ 选：选择	㉘ 建：建筑 建设

2. 认读下列句子。

Identify and read the following sentences.

Прочитайте предложения.

① 这道题你选A还是选B?

② 我从超市回家的时候，发现忘了带钥匙。进不了门了。

③ 这个问题太难了，我们都不会回答。

④ 他现在不在家，去火车站送朋友了。

⑤ 他对中国历史很感兴趣。

⑥ 北京奥运会（Àoyùnhuì, Olympics Games/Олимпийские игры）的时候，他是一名志愿者。

⑦ 政府要在这个地方建设一个飞机场。

⑧ 欢迎你们来我家做客。

⑨ 他爷爷六十多岁了，几年以前就退休了。

⑩ 他已经完全适应了大学生活。

3. 你知道这些中国建筑的名字吗？读一读，记一记。

Do you know the names of these Chinese buildings? Read and remember.

Знаете ли вы названия этих архитектурных сооружений Китая? Прочитайте и запомните.

国家大剧院，北京

国家体育(tǐyù)场，北京

国家游泳(yóuyǒng)中心，北京

东方明珠(zhū)，上海

五、综合练习

Comprehensive Exercises
Общие упражнения

1. 请按照名称写出相应的偏旁。

Write the appropricate radicals.

Напишите ключи.

① bāozìtóu _____ ② shìzìpáng _____ ③ zǒuzìpáng _____

④ zǒuzhīpáng _____ ⑤ jiānzhīpáng _____

2. 填字组词。

Fill in characters to form words.

Впишите иероглифы и составьте слова.

给学生的提示：
注意箭头的方向，它表示词语中汉字的排列顺序。
Note to the students: pay attention to the directions of the arrowheads, which indicate the arranging order of characters in words.
Студенту: обратите внимание на направление стрелочек – они указывают на порядок расположения иероглифов.

Example

文 国 → 文 国 中

①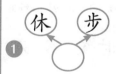

②

③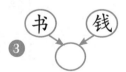

④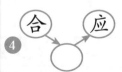

⑤

⑥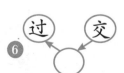

3. 按拼音组词成句。

Write words and sentences according to *pinyin*.

Составьте предложения из данных слов по транскрипции «пиньинь».

① Tài yuǎn le, zánmen háishi dǎ chē qù ba.

吧 远 打车 了 咱们 太 还是 去

_____

② Zhèli lí dìtiězhàn hěn jìn, jiāotōng fēicháng fāngbiàn.

这里 非常 方便 离 很近 交通 地铁站

_____

③ Zài nà jiā chāoshì nǐ kěyǐ mǎi dào gèzhǒnggèyàng de dōngxi.

你 可以 在 超市 那 的 家 买 东西 到

各种各样

_____

④ Qiūtiān lái le, tiānqì yuè lái yuè lěng.

天气 来 了 越来越 秋天 冷

_____

⑤ Gāng lái Zhōngguó de shíhou, tā lián yí jù Hànyǔ yě bú huì shuō.

连 刚 中国 句 的 时候 不 来 他 一 说

汉语 会 也

_____

228

4. 请写出你知道
的带有下列偏
旁的汉字。写
完后与同伴交
流一下，看看
谁写得又多又
好。然后互相
学习，把自己
没写出来的汉
字补充进来。

Write down characters with the following radicals. Check with your partner, see who writes more correctly. Then learn from each other and add what is missed in your box.

Запишите известные вам иероглифы с нижеследующими ключами. Затем обменяйтесь записями с одноклассником и посмотрите, у кого написано больше и лучше. Поучитесь друг у друга, добавив иероглифы, которые вы сначала не записали.

Example   女：妈、妹 _____

① 辶：_____

② 是：_____

③ 勹：_____

④ 夂：_____

⑤ 走：_____

给学生的提示：

＊本课学习的汉字都要正确写出来，而且写得越多越好。
＊请把你从同伴那里学到的汉字写在这里。

Note to the student:
＊ Write all the characters learned in the lesson. The more, the better.
＊ Write down what you learned from your partner in here.

Студенту:
＊Необходимо правильно написать изученные иероглифы, и чем больше, тем лучше.
＊Запишите внизу иероглифы, которые вы увидели у одноклассника.

六、课后作业

After-class Assignments

Домашняя работа

1. 打字练习。下列词语都是由学过的字组成的，你知道它们的意思吗？如果不知道，请你先查词典，记住它们的意思，然后在电脑上打出来。

Tying Practice. The following words are made up of the learned characters. Do you know their meanings? If not, look them up in the dictionary, remember the meanings and then type them on your computer.

Упражнение на ввод иероглифов. Нижеследующие слова состоят из изученных иероглифов. Вы знаете, что они означают? Если нет, посмотрите в словарь и запомните их значение, а затем наберите их на компьютере.

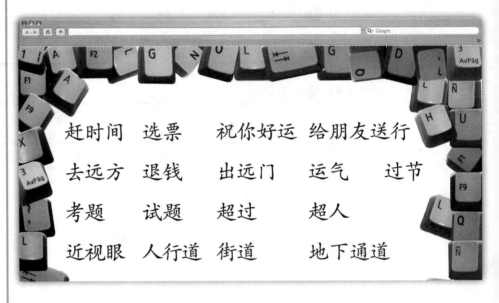

赶时间　选票　祝你好运　给朋友送行

去远方　退钱　出远门　运气　过节

考题　试题　超过　超人

近视眼　人行道　街道　地下通道

2. 街头汉字。读一读，记一记。

Chinese characters on the street. Read and remember.

Иероглифы на улице. Прочитайте и запомните.

请勿打扰(qǐngwù dǎrǎo)

Please Do Not Disturb　Не беспокоить

前方施工，车辆慢行
(qiānfāng shīgōng, chēliàng mànxíng)
Construction Ahead, Slow Down
Впереди ремонт, движение медленное

中国建设银行(Zhōngguó Jiànshè Yínháng)
China Construction Bank　Строительный банк Китая

学习目标

1 学习5个偏旁。

Learn to 5 radicals.
Изучить 5 ключей.

匚 凵 冂 门 口

2 学写25个汉字。

Learn to write 25 characters.
Научиться писать 25 иероглифов.

qū	yī	jù	huà	tóng	wǎng	nèi	róu	wèn	jiān	wén	yuè	nào
区	医	巨	画	同	网	内	肉	问	间	闻	阅	闹

guó	yuán	huí	yīn	tú	kùn	gē	zuò	chéng	pǐn	zhòng	sēn
国	园	回	因	图	困	哥	坐	乘	品	众	森

巨, 内 and 肉 are single-component characters. They are easier to be memorized if studied together with inside-outside-structured characters.
Хотя иероглифы 巨, 内 и 肉 – отдельные иероглифы, но изучение их с составными иероглифами охватывающей структуры удобно для запоминания.

3 认读52个词语。

Identify and Read 52 words.
Распознавать и читать 52 слова.

汉字知识

Inside-outside Structure and Special Structure

Охватывающая структура и особая структура

In addition to left-right-structured and up-down-structured characters, there

Кроме структур слева направо и сверху вниз, существуют составные иерог-

are inside-outside-structured and special-structured characters in Chinese.

1. Characters with two surrounding sides:

边延　句可　庭床

2. Characters with three surrounding sides:

区医　同周　凶函

3. Characters with four surrounding sides:

回国因

4. Special-structured characters:

品晶　坐　乘

лифы охватывающей и особой структур.

1. Схемы охвата с двух сторон:

边延　句可　庭床

2. Схемы охвата с трех сторон:

区医　同周　凶函

3. Схема полного охвата:

回国因

4. Схемы составных иероглифов особой структуры:

品晶　坐　乘

一、学写偏旁

Learn to Write Radicals
Учимся писать ключи

匚、凵、冂 and 口 cannot appear independently but as radicals. 门 can be an independent character or a frequently used radical. These radicals are usually placed at the outside of a surrounding-structured character.

Ключи 匚, 凵, 冂 и 口 обычно не могут выступать в качестве отдельных иероглифов и могут быть лишь ключами. 门 может быть и отдельным иероглифом, и часто употребляется как ключ. Эти ключи обычно являются охватывающими элементами охватывающей структуры иероглифа.

"匚、凵、冂、口"一般不独立成字，仅做偏旁使用。而"门"既可独立成字，又是常用的偏旁。这些偏旁一般位于包围结构汉字的外部。

①

qūzìkuāng
区字框

在常用汉字中，多作构字成分。
It is mostly used as a radical of commonly used characters.
Выступает в качестве элемента часто употребляемых иероглифов.

在书写由"匚"构成的汉字时，要注意先写最上边的"一"，然后写"匚"里边的部件，最后写"凵"。

In the writing, the first stroke is a horizontal one at the top, followed by what is inside 匚 and then a vertical-turning one.

При написании иероглифов с ключом 匚 сначала пишется самая верхняя черта 一, затем внутренние элементы, а в конце – ломаная вертикальная.

233

② 凵

huàzìkuāng
画字框

多作构字成分。

It is mostly used as a radical.

Выступает в качестве элемента иероглифа.

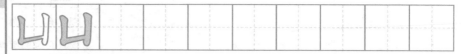

要注意先写"凵"里边的部件，然后再写"凵"。

Write what is inside 凵 befor 凵.

Сначала пишутся внутренние элементы, а потом – 凵.

③ 冂

tóngzìkuāng
同字框

多作构字成分。

It is mostly used as a radical.

Выступает в качестве элемента иероглифа.

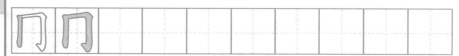

在书写由"冂"构成的汉字时，先写"冂"，然后再写"冂"里边的部件。

In the writing, start with 冂, followed by what is inside.

При написании иероглифов с ключом 冂 сначала пишется 冂, а затем – внутренние элементы.

④ 门

ménzìkuāng
门字框

由"门"组成的汉字一般与门户及其动作有关；"门"也可以表音，作声符。

Characters with 门 are usually related to doors and their movement. It can be used as a phonetic radical to indicate the pronunciation.

Иероглифы, в состав которых входит ключ 门, как правило, связаны с дверью и ее движениями; 门 может служить и фонетиком.

在书写由"门"构成的汉字时，先写"门"，然后再写"门"里边的部件。

In the writing of characters with 门, start with 门, followed by what is inside.

При написании иероглифов с ключом 门 сначала пишется 门, а затем – внутренние элементы.

⑤ 口

guózìkuāng
·国字框

由"口"组成的汉字大都与围墙、界限或捆绑之义有关。

Characters with 口 are mostly related to walls, boundaries or binding.

Иероглифы, в состав которых входит ключ 口, как правило, связаны с окружением, границей или перевязкой.

在书写由"口"构成的汉字时，注意要先写"丨"和"𠃌"，搭好框架，然后再写里边的部件，最后写"一"来封口。

In the writing of characters with 口, start with a vertical one and a horizontal-turning stroke, followed by what is inside it and then a horizontal one.

При написании иероглифов с ключом 口 сначала пишется丨и ломаная горизонтальная, затем – внутренние элементы, а в конце замыкает 一.

二、学写汉字

Learn to Write Chinese Characters
Учимся писать иероглифы

① 区 qū

district
зона, район

市区 shìqū　downtown　городской район
地区 dìqū　district　район, регион

② 医 yī
medicine
медицина

医生 yīshēng　doctor　доктор
医院 yīyuàn　hospital　больница

③ 巨 jù
huge
огромный

巨大 jùdà　huge　огромный
巨人 jùrén　giant　великан

④ 画 huà
paint
рисовать

一张画儿 yì zhāng huàr　a painting　одна картина
画画儿 huà huàr　draw a picture　писать картины
画家 huàjiā　painter　художник

⑤ 同 tóng
same
одинаковый

同学 tóngxué　classmate　одноклассник
同事 tóngshì　colleague　сотрудник

235

6 网 wǎng ⟨ 冂 乂 乂

network
сеть

网吧	wǎngbā	Internet bar Интернет-кафе
上网	shàng wǎng	surf the Internet быть в сети Интернет
网球	wǎngqiú	tennis теннис

网 网 网

7 内 něi ⟨ 冂 人

inside
внутри

| 内科 | něikē | internal medicine терапия |
| 室内 | shìnèi | indoor в помещении |

内 内

8 肉 ròu ⟨ 冂 人 人

meat
мясо

牛肉	niúròu	beaf говядина
羊肉	yángròu	mutton баранина
猪肉	zhūròu	pork свинина

肉 肉 肉

"人"的"乀"要写成"、"。
The right-falling stroke of 人 should be written as a point one.
Откидная вправо в иероглифе 人 заменяется 、.

9 问 wèn ⟨ 门 口

ask
спрашивать

| 问题 | wèntí | question вопрос |
| 问答 | wèndá | answer вопросы и ответы |

问 问

10 间 jiān ⟨ 门 日

room
комната; между

房间	fángjiān	room комната
卫生间	wèishēngjiān	bathroom туалет
时间	shíjiān	time время

间 间

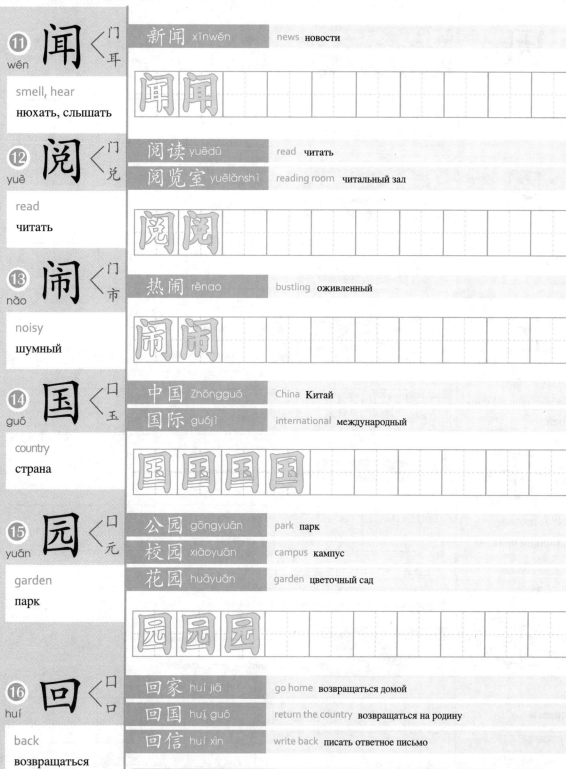

⑪ 闻 wén 〈 门 耳

smell, hear
нюхать, слышать

新闻 xīnwén — news новости

闻 闻

⑫ 阅 yuè 〈 门 兑

read
читать

阅读 yuèdú — read читать
阅览室 yuèlǎnshì — reading room читальный зал

阅 阅

⑬ 闹 nào 〈 门 市

noisy
шумный

热闹 rènao — bustling оживленный

闹 闹

⑭ 国 guó 〈 口 玉

country
страна

中国 Zhōngguó — China Китай
国际 guójì — international международный

国 国 国 国

⑮ 园 yuán 〈 口 元

garden
парк

公园 gōngyuán — park парк
校园 xiàoyuán — campus кампус
花园 huāyuán — garden цветочный сад

园 园 园

⑯ 回 huí 〈 口 口

back
возвращаться

回家 huí jiā — go home возвращаться домой
回国 huí guó — return the country возвращаться на родину
回信 huí xìn — write back писать ответное письмо

回 回 回

237

⑰ 因 < 口 大
yīn
cause
причина

| 因为 yīnwèi | because потому что |
| 原因 yuányīn | reason причина |

⑱ 图 < 口 冬
tú
picture
рисунок

| 图书馆 túshūguǎn | library библиотека |
| 地图 dìtú | map карта |

⑲ 困 < 口 木
kùn
tired, sleepy
безвыходный; сонный

| 困难 kùnnan | difficulty трудности |
| 有点儿困 yǒudiǎnr kùn | sleepy немного сонный |

⑳ 哥 < 可 可
gē
elder brother
старший брат

| 哥哥 gēge | elder brother старший брат |

上边的"哥"字中"亅"要变成"丨"。
The vertical-hook stroke of 哥 at the upper changes into a vertical one.
Вертикальная с крюком в верхнем иероглифе ⌋ заменяется ⎸.

㉑ 坐 < 人 人 土
zuò
sit
сидеть

| 坐车 zuò chē | take a train/bus ехать на машине |
| 请坐 qǐng zuò | please sit пожалуйста, садитесь |

两个"人"中的"㇏"都要写成"、"；"丨"要长一些，从两个"人"中间穿过。
Both the right-falling strokes in both 人 change into point ones. The vertical stroke is required to be longer and cross between the two 人.

Откидная вправо в обоих иероглифах 人 заменяется 丶, черта ⎸ должна быть длиннее и проходить между 人.

238

22  千
北
八

chéng

take (a vehicle)

ехать

| 乘车 chéng chē | take a bus　ехать на машине |
| 乘客 chéngkè | passenger　пассажир |

---

23 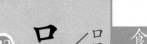 口
口 口

pǐn

article, product

предмет, вещь

| 食品 shípǐn | food　продукт питания |
| 产品 chǎnpǐn | product　продукт , товар |

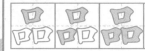

上边的 "口" 要写得比下边的两个 "口" 大一点，下边的两个 "口" 要写得一样大。

The 口 at the upper is larger than the two at the bottom, which are the same in size.

Верхний 口 пишется больше, чем два нижних; два нижних 口 одинакового размера.

---

24  人
人 人

zhòng

crowd

много

| 众人 zhòngrén | everyone　все |
| 大众 dàzhòng | the masses　масса |

最上边的 "人" 要写得大一点儿，左下部 "人" 的 "乀" 要写成 "、"。

The 人 at the upper is larger and the right-falling stroke of the one at the bottom left changes into a point one.

Самый верхний 人 пишется побольше, откидная вправо в нижнем левом 人 заменяется ˋ.

---

25  木
木
木

sēn

full of trees

чаща

| 森林 sēnlín | forest　лес |

左下部 "木" 的 "乀" 要写成 "、"。

The right-falling stroke of 木 at the bottom left changes into a ponit one.

Откидная вправо в нижнем левом 木 заменяется ˋ.

三、书写练习

Writing Practice

Упражнения на написание иероглифов

1. 看看下列各组汉字结构上有什么特点；然后将所给的二十个汉字归类。

Find out the characteristics of the structure of each group, classify the given 20 characters.

Назовите особенности структуры иероглифов на свитках, затем впишите 20 данных иероглифов в соответствующий свиток.

往　感　东　房　来　累　练　有　数　本
需　闻　手　院　包　热　马　网　食　秋

A

医

B

开

C

分

D

怕

2. 请用A栏中的偏旁与B栏中的部件组成汉字，填写在空白栏中。注意B栏中的每个部件可多次使用。

Form characters with the radicals in Column A and the components in Column B. Then write them in the blank. Each in both columns can be used more than once.

Составьте иероглиф из ключа в колонке A и элемента в колонке B и впишите в овал. Обратите внимание на то, что элементы из колонки B можно использовать много раз.

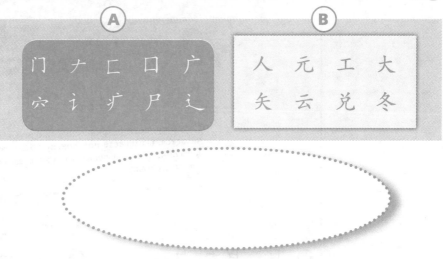

3. 看拼音写汉字。

Write characters according to *pinyin*.

Запишите иероглифы по транскрипции «пиньинь».

1 niúròu (　　　　) 　　2 wèntí (　　　　)

3 shíjiān (　　　　) 　　4 rènao (　　　　)

5 Zhōngguó (　　　　) 　　6 huí jiā (　　　　)

7 yuányīn (　　　　) 　　8 shípǐn (　　　　)

四、认读练习

Identifying and Reading Practice

Упражнения на распознавание и чтение иероглифов

1. 认读词语：两人一组，一个人（A）读序号为单数号1、3、5、7、……25的词语，另一个人（B）读双数号2、4、6、8……24的词语。

Identify and read words: working in pairs, one (A) reads odd-numbered words and the other (B) reads even-numbered words.

Распознавание и чтение слов. Упражнение в паре: один человек (A) читает слова под нечетными номерами 1, 3, 5, 7 и так до 25, а другой человек (B) – под четными номерами 2, 4, 6, 8 и так до 24.

① 区：市区　地区
② 医：医生　医院
③ 巨：巨大　巨人
④ 画：一张画儿　画画儿　画家
⑤ 同：同学　同事
⑥ 网：网吧　上网　网球
⑦ 内：内科　室内
⑧ 肉：牛肉　羊肉　猪肉
⑨ 问：问题　问答
⑩ 间：房间　卫生间　时间
⑪ 闻：新闻
⑫ 阅：阅读　阅览室
⑬ 闹：热闹
⑭ 国：中国　国际
⑮ 园：公园　校园　花园
⑯ 回：回家　回国　回信
⑰ 因：因为　原因
⑱ 图：图书馆　地图
⑲ 困：困难　有点儿困
⑳ 哥：哥哥
㉑ 坐：坐车　请坐
㉒ 乘：乘车　乘客
㉓ 品：食品　产品
㉔ 众：众人　大众
㉕ 森：森林

2. 认读下列句子。

Identify and read the following sentences.

Прочитайте предложения.

① 他画儿画得很好。

② 教室的墙（qiáng wall/стена）上贴（tiē stick/приклеить）着一张中国地图。

③ 他哥哥很喜欢唱歌。

④ 他爸爸是医生，妈妈是护士（hùshì nurse/медсестра）。

⑤ 他身高两米多，像（xiàng like/похожий）一个巨人。

⑥ 地球上的<u>原始</u>（yuánshǐ primitive/первоначальный, девственный）
森林越来越少了。

⑦ 乘坐飞机时一定要<u>系</u>（jì fasten/застегивать）好安全带。

⑧ 他每天晚上都要看电视新闻。

⑨ 我们不但是同事，而且还是大学同学。

⑩ 他家房子右边有一个很大的花园，里边种着
很多花草树木。

3. 这是周明一天
的活动，请你
读一读，看一
看。

This is Zhou Ming's schedule. Read it.

Это расписание Чжоу Мина на день. Почитайте и посмотрите.

① 早上9点周明去图书馆阅览室看书。

② 11点上网看国际新闻。

③ 13点坐地铁去医院内科看医生。

④ 16点回宿舍跟大家聊天。

五、综合练习

Comprehensive Exercises

Общие упражнения

1. 请按照名称写
出相应的偏
旁。

Write the appropriate radicals.

Напишите ключи.

① qūzìkuāng ＿＿＿＿　② huāzìkuāng ＿＿＿＿

③ guózìkuāng ＿＿＿＿　④ tōngzìkuāng ＿＿＿＿

⑤ ménzìkuāng ＿＿＿＿

2. 画线将左边的汉字与右边的汉字连起来组成一个词。

Match the characters on the left with those on the right to form words.

Соедините линиями иероглифы слева и справа и составьте слова.

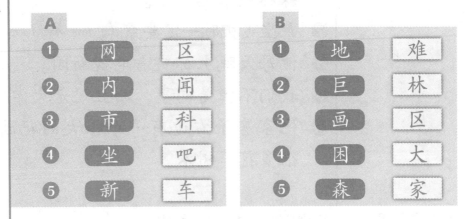

A			B		
①	网	区	①	地	难
②	内	闻	②	巨	林
③	市	科	③	画	区
④	坐	吧	④	困	大
⑤	新	车	⑤	森	家

3. 按拼音组词成句。

Write words and sentences according to *pinyin*.

Составьте предложения из данных слов по транскрипции «пиньинь».

① Tā xué le liǎng nián Hànyǔ, xiànzài kěyǐ yuèdú Zhōngwén bàozhǐ le.

现在 他 阅读 了 中文 两年 可以 学 汉语 报纸 了

___

② Tā zuótiān wǎnshang shuì de hěn wǎn, jīntiān shàng kè juéde hěn kùn.

晚上 他 睡 很 得 今天 昨天 觉得 上课 困 很 晚

___

③ Duìbuqǐ, wǒ méiyǒu Shànghǎi dìtú, nǐ shàng wǎng zhǎo yíxiàr ba.

我 你 上海 没有 找 吧 对不起 地图 上网 一下儿

___

④ Tā xǐhuan zhù zài shìqū, yīnwèi jiāotōng hěn fāngbiàn.

交通 很 住在 喜欢 市区 因为 方便 她

___

⑤ Wǒmen dàxué de xiàoyuán lǐ yǒu hěn duō shù hé gèzhǒnggèyàng de huā.

校园 我们 各种各样 多 的 里 花 有 很 树 和 大学 的

___

4. 请写出你知道的带有下列偏旁的汉字。写完后与同伴交流一下，看看谁写得又多又好。然后互相学习，把自己没写出来的汉字补充进来。

Write down characters with the following radicals. Check with your partner, see who writes more correctly. Then learn from each other and add what is missed in your box.

Запишите известные вам иероглифы с нижеследующими ключами. Затем обменяйтесь записями с одноклассником и посмотрите, у кого написано больше и лучше. Поучитесь друг у друга, добавив иероглифы, которые вы сначала не записали.

Example　女：妈、妹 _____

❶ 匚: _____

❷ 凵: _____

❸ 冂: _____

❹ 门: _____

❺ 口: _____

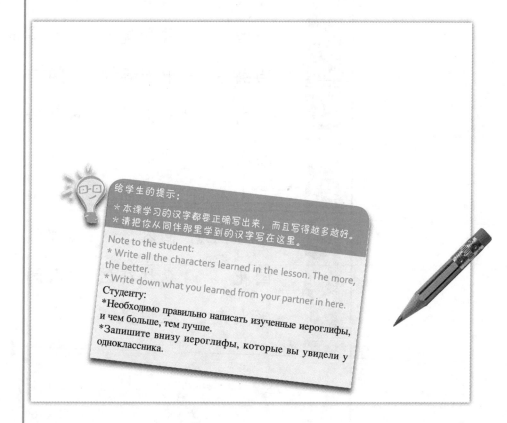

给学生的提示：

* 本课学习的汉字都要正确写出来，而且写得越多越好。
* 请把你从同伴那里学到的汉字写在这里。

Note to the student:
* Write all the characters learned in the lesson. The more, the better.
* Write down what you learned from your partner in here.

Студенту:
*Необходимо правильно написать изученные иероглифы, и чем больше, тем лучше.
*Запишите внизу иероглифы, которые вы увидели у одноклассника.

六、课后作业

After-class Assignments
Домашняя работа

1. 打字练习。下列词语都是由学过的字组成的，你知道它们的意思吗？如果不知道，请你先查词典，记住它们的意思，然后在电脑上打出来。

Typing Practice. The following words are made up of the learned characters. Do you know their meanings? If not, look them up in the dictionary, remember the meanings and then type them on your computer.

Упражнение на ввод иероглифов. Нижеследующие слова состоят из изученных иероглифов. Вы знаете, что они означают? Если нет, посмотрите в словарь и запомните их значение, а затем наберите их на компьютере.

作品	图书	图片	中医
西医	医学院	一间房子	公众
油画	中国画	趣闻	见闻
国内	国家	回电话	同屋
网友	网址	网站	网迷
天上人间	同吃同住	同学会	英国
学习园地	回答	回邮件	日用品
国花	森林公园	双人间	外国
坐火车	坐地铁		

2. 街头汉字。读
一读，记一
记。

Chinese characters on the street. Read and remember.

Иероглифы, встречающиеся на улице.

候车室 (hòuchēshì)

Waiting Room　Зал ожидания

请勿入内 (qǐng wù rù nèi)

No Entry　Посторонним вход воспрещен

洗手间 (xǐshǒujiān)

Toilet　Туалет

练习参考答案

第一课

一、学写笔画 Learn to Write Strokes　Учимся писать черты

2. nà→﹨　shù→丨　piě→丿　tí→乛　diǎn→﹨　héng→一

5. A.（3）　B.（2）　C.（2）　D.（2）　E.（4）　F.（3）　G.（4）

6. A.（2）　B.（1）　C.（3）　D.（1）　E.（2）　F.（0）

二、基本笔顺 Basic Strokes　Основные черты

2. A.（一）　B.（丨）　C.（丿）　D.（丨）　E.（丿）

四、书写练习 Writing Practice　Упражнения на написание иероглифов

1. 1画：一　2画：二十八人　3画：三上千个下习　4画：午六天　5画：生

2. A.六十　B.十三　C.二十一　D.八千　E.六天　F.三个人　G.上午　H.下午

五、认读练习 Identifying and Reading Practice　Упражнения на распознавание и чтение иероглифов

2. ① 下课 → xià kè　　② 学生 → xuésheng　　③ 今天 → jīntiān

　　④ 上课 → shàng kè　　⑤ 学习 → xuéxí　　　⑥ 中国人 → Zhōngguórén

　　⑦ 明天 → míngtiān

六、综合练习 Comprehensive Exercises　Общие упражнения

1. ①丨　②丿③﹨　④一　⑤﹨　⑥乛

2. ①一　②﹨　③一　④一　⑤一　⑥一　⑦丨　⑧﹨　⑨一　⑩﹨

3. ①三个人　②八个　③下午　④六十　⑤上午　⑥一千

第二课

二、书写练习 Writing Practice　Упражнения на написание иероглифов

1. 2画：厂　　　　3画：工干广大土　　4画：开王牛木不文少火斤太

　　5画：本业头卡　　6画：关年共　　　7画：来走

2. A.一共　B.八斤　C.工人　D.工厂

三、认读练习 Identifying and Reading Practice　Упражнения на распознавание и чтение иероглифов

2. A.

① 牛奶　　　　　niúròu

② 土豆　　　　　gōngzuò

③ 牛肉　　　　　niúnǎi

④ 工作　　　　　tǔdòu

⑤ 广告 ──────→ guānggào

B：

① 电话卡　　　　kāishǐ

② 干什么　　　　gànshénme

③ 明年　　　　　guānmén

④ 开始　　　　　diànhuàkǎ

⑤ 关门　　　　　míngnián

248

四、综合练习　Comprehensive Exercises　Общие упражнения

1. ① héng　② tí　③ diǎn　④ shù　⑤ piě　⑥ nà

2. ① 丿　② 丿　③ ｜　④ 一　⑤ 丿　⑥ 一　⑦ 丿　⑧ 丿

3. ①（ⓐ工）作　　②明（ⓑ天）　　③（ⓐ太）好了
　④工（ⓑ厂）　　⑤上（ⓑ午）　　⑥（ⓐ本）子
　⑦（ⓑ下）课　　⑧（ⓑ头）发　　⑨（ⓐ开）门

4. ① 三斤　② 不少　③ 六本　④ 工厂　⑤ 一共　⑥ 工人

第三课

一、学写笔画　Learn to Write Strokes　Учимся писать черты

2. héng gōu → 乛　　héng zhé xié gōu → 乁　　héng zhé → 𠃌
　héng piě → フ　　héng zhé wān gōu → 乁　　héng zhé gōu → 𠃌

5. A.（4）　B.（4）　C.（2）　D.（3）　E.（3）　F.（2）　G.（3）　H.（4）

6. A.（𠃌）　B.（𠃌）　C.（一）　D.（𠃌）　E.（乁）　F.（𠃌）　G.（乁）　F.（フ）

7. A.（乁）　B.（𠃌）　C.（丿）　D.（丿）　E.（乁）　F.（｜）　G.（丿）　H.（𠃌）

三、书写练习　Writing Practice　Упражнения на написание иероглифов

1. 2画：又刀力几九　　3画：口门万飞　　4画：中日五月办方书气　　5画：白目
　6画：百自买再　　7画：里　　8画：雨

2. A. 中文　B. 九年　C. 下雨　D. 一本书　E. 开门
　F. 人口　G. 天气　H. 生日　I. 日本　J. 几月

四、认读练习　Identifying and Reading Practice　Упражнения на распознавание и чтение иероглифов

2.

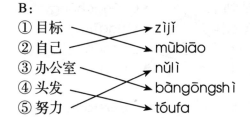

五、综合练习　Comprehensive Exercises　Общие упражнения

1. ① フ　② 𠃌　③ 一　④ 𠃌　⑤ 乁　⑥ 乁

2. ① 日中　② 千干土　③ 个大　④ 百自　⑤ 天太夫
　⑥ 目白电*旧旦　⑦ 买　⑧ 本*禾　⑨ 广儿

3. ① 下雨　② 自己买　③ 几月　④ 门口
　⑤ 中文书　⑥ 又走了　⑦ 生日　⑧ 再来

4. 下雨　自己　几月　五月　九月　门口　中文　中文书　生日　再来　几个　天气　一年　十年　大门
开门　关门　年月日　日本　日文　五天　九年　白天

第 四 课

一、学写笔画 Learn to Write Strokes 　Учимся писать черты

2.　A:

① shù gōu → 亅　　② piě diǎn → 乀　　③ wō gōu → ㇁

④ shù tí → ㇙　　⑤ shù wān gōu → ㇄

B:

① piě zhé → ㇜　　② xié gōu → ㇂　　③ shù wān → ㇄

④ shù zhé → ㇖　　⑤ shù zhé zhé gōu → ㇟

4.　A.（2）　B.（3）　C.（3）　D.（4）　E.（4）　F.（2）　G.（3）　H.（7）

5.　A.（亅）　B.（㇄）　C.（㇙）　D.（㇄）　E.（㇄）　F.（㇂）　G.（㇜）　F.（乀）

6.　A.（亅）　B.（丿）　C.（㇇）D.（一）　E.（丶）　F.（亅）　G.（㇕）　H.（丨）

三、书写练习 Writing Practice 　Упражнения на написание иероглифов

1.　2画：七儿了　　　3画：己也马么已女山子小　　4画：见车手水长心

　　5画：北电东去出四　6画：西　　　　　　　　　7画：我

2.　A. 买了一本书　　B. 女儿　　C. 小心　　D. 四月　　E. 买东西

　　F. 本子　　　　　G. 自己　　H. 火车　　I. 出口　　J. 再见

四、认读练习 Identifying and Reading Practice 　Упражнения на распознавание и чтение иероглифов

2.　A.

B.

五、综合练习 Comprehensive Exercises 　Общие упражнения

1.　①亅　　②乀　　③㇄　　④㇂　　⑤㇄

　　⑥㇙　　⑦㇟　　⑧㇜　　⑨㇄　　⑩㇄

2.　①办*为历　　②关　　③百自　　④头

　　⑤王木午牛　⑥卡*让　⑦天太*夫介　⑧电白目*旦只旧

3.　①马上　　②中心　　③北门　　④一下儿

　　⑤山里　　⑥太长了　⑦出去　　⑧儿子

4.　女儿　小心　　四月　中心　北门　北方　一下儿　山上　山里　出去　儿子

　　马上　买东西　自己　关门　出口　出门　大门　　东门　西门　门口　力气

　　夫人　去年　　开水　开门

第五课

三、书写练习　Writing Practice　Упражнения на написание иероглифов

1. ①呢=口+尼　　②服=月+艮　　③奶=女+乃　　④姓=女+生
   ⑤如=女+口　　⑥昨=日+乍　　⑦吧=口+巴　　⑧朋=月+月
2. ①她　②妈/吗　③胖　④眼　⑤睡　⑥晚　⑦哪　⑧吃　⑨叫　⑩妹
3. ①（小姐）　②（肚子）　③（唱）歌　④（明天）
   ⑤（喝水）　⑥星（期）　⑦（咱）们　⑧（好听）

五、综合练习　Comprehensive Exercises　Общие упражнения

1. ①女　②目　③日　④月　⑤口
2. ①（ⓐ牛）奶　②网（ⓐ吧）　③（ⓐ时）间　④衣（ⓑ服）　⑤（ⓐ睡）觉
   ⑥（ⓑ唱）歌　⑦（ⓐ知）道　⑧（ⓐ朋）友　⑨（ⓑ眼）睛
3. ①她有一个妹妹。　　②我妈妈明天来看我。　　③你每天几点睡觉？
   ④我不知道他昨天去哪儿了？　⑤他今天肚子疼，没来上课。
4. ①女：姓她好妈姐妹奶如 *始姑娘婚
   ②口：叫听吃吗呢吧咱哪唱喝知 *加呀喂啤吹喊响嘴
   ③日：明时昨晚 *暖晴
   ④目：眼睡 *睛睁
   ⑤月：朋肚胖服期 *脏脸脑脱股朝肥胡脚腿

第六课

三、书写练习　Writing Practice　Упражнения на написание иероглифов

1. ①ⓑ们　②ⓒ信　③ⓐ请　④ⓑ打　⑤ⓓ你　⑥ⓓ报
2. ①记　②换　③做　④但　⑤语　⑥便　⑦话　⑧住　⑨认　⑩位
3. ①什么　②认识　③你们　④工作　⑤俄语　⑥上课

五、综合练习　Comprehensive Exercises　Общие упражнения

1. ①扌　②讠　③亻
2. ①课　②词　③们　④语　⑤报　⑥识　⑦休　⑧住　⑨话
3. ①我们今天没有汉语课。
   ②明天晚上他请一位朋友吃饭。
   ③星期天你做什么？
   ④我不认识他姐姐。
   ⑤他今天身体不太好，但是没有休息。
4. ①讠：认识说话词课语谁记请 *该调订读访讲计论让试诉谈误谢许议证
   ②亻：们你他什休体作住位件信但便做俄 *保传代倒低何化借假健例任使伤
   　　停像优亿
   ③扌：打找报把换 *抱擦持搞挂护接挤排提推握指

第七课

三、书写练习　Writing Practice　Упражнения на написание иероглифов

1. ①冷=冫+令　②没=氵+殳　③饿=饣+我　④往=彳+主
   ⑤饱=饣+包　⑥次=冫+欠　⑦练=纟+东　⑧汽=氵+气

2. ①法　②冰　③饭　④饿/俄　⑤洗
   ⑥河　⑦酒　⑧凉*谅　⑨汉　⑩海

3. ①（清）楚　②（经）常　③（汉语）　④（汽车）
   ⑤（很好）　⑥（冰）箱　⑦（凉水）　⑧（练习）

五、综合练习　Comprehensive Exercises　Общие упражнения

1. ①氵　②冫　③饣　④彳　⑤纟

2. ①（ⓑ喝）水　②（ⓐ已）经　③（ⓐ果）汁　④上（ⓑ海）　⑤（ⓐ法）国
   ⑥（ⓐ俄）语　⑦（ⓑ住）在　⑧（ⓑ清）楚　⑨（ⓐ练）习　⑩（ⓑ红）色
   ⑪觉（ⓐ得）

3. ①我们今天晚上有语法课。
   ②她经常星期天给妈妈打电话。
   ③我们今天去饭馆吃饭吧。
   ④他想明年去上海学习汉语。
   ⑤我昨天买了一件红色的衣服。

4. ①氵：汉没江河汁汽油法洗酒渴海清*湖活深浅汤温消演游洲注济满漂治
   ②冫：冰冷凉次*决净
   ③彳：很行往得街*待律
   ④饣：饭饿饱馆*饺饮
   ⑤纟：红给经练*绿约级纪纸线组结续

第八课

三、书写练习　Writing Practice　Упражнения на написание иероглифов

1. ①ⓑ猪　②ⓒ祝　③ⓒ住　④ⓒ得　⑤ⓑ雨　⑥ⓓ再

2. ①怕　②院　③都　④礼　⑤剧　⑥狗　⑦教　⑧裙　⑨视　⑩钟

3. ①银行　②换钱　③袜子　④太阳　⑤电视
   ⑥那儿　⑦性别　⑧很快　⑨不怕　⑩一个钟头

五、综合练习　Comprehensive Exercises　Общие упражнения

1. ①忄　②刂　③犭　④钅　⑤攵　⑥礻　⑦阝　⑧衤

2. ①ⓒ饱馆　②ⓐ分中　③ⓑ体息　④ⓒ放室

3. ①王小姐很怕狗。
   ②这双袜子多少钱?
   ③妈妈给她买了一条红裙子。

252

④ 他一个人吃牛肉，别人都吃猪肉。
⑤ 我们都祝他生日快乐。

4. ① 忄：忙快怕性情＊慢　　　　② 钅：银钱钟＊错
　　③ 衤：袜裤裙＊初 被　　　　④ 礻：礼视祝＊社祖神福
　　⑤ 犭：狗猪＊猫　　　　　　⑥ 阝：阳院那都邮＊阴
　　⑦ 刂：别到刻剧刮＊划刚利制　⑧ 攵：教放数收＊改政故救散

第九课

三、书写练习 Writing Practice　Упражнения на написание иероглифов

1. 怕 路 孙 现 和 城 对 灯
2. ① 不（杯/坏）② 亥（孩/刻）③ 佳（谁/难）④ 中（钟/种）
　　⑤ 夬（快/块）⑥ 也（她/他/地）⑦ 寸（对/时/村）
3. ① 秋天　② 一杯水　③ 好极了　④ 一样　⑤ 大楼
　　⑥ 一双手　⑦ 小孩儿　⑧ 上班　⑨ 地方　⑩ 机场

五、综合练习 Comprehensive Exercises　Общие упражнения

1. ① 子　② 又　③ 王　④ 火　⑤ 土　⑥ 足　⑦ 禾　⑧ 木
2. ① 学生/学校/学习　② 长城/长跑　③ 广场/市场（球场）
　　④ 城市/市场　⑤ 好看（难看）/看见　⑥ 孙子（肚子）/孩子（儿子）
3. ① 这个班老师和学生一共有二十人。② 明天是中秋节，我们都休息。
　　③ 这双鞋难看极了。④ 我的手机坏了。
　　⑤ 很多孩子喜欢玩游戏。
4. ① 子：孩孙　　　　　　② 土：地块城场坏＊址堵
　　③ 王：现玩球班＊理　　④ 木：林杯机校样楼极村＊板相桥格梯检
　　⑤ 禾：和种秋＊租　　　⑥ 火：灯烧
　　⑦ 又：对双难＊观欢取　⑧ 足：跑路跟

第十课

三、书写练习 Writing Practice　Упражнения на написание иероглифов

1. ① ⓒ告　② ⓑ星　③ ⓓ练　④ ⓑ是　⑤ ⓐ累　⑥ ⓒ只
2. ① 员　② 岁　③ 会　④ 爸　⑤ 草　⑥ 食　⑦ 男　⑧ 公　⑨ 全　⑩ 菜
3. ① 姓名　② 星期天　③ 今年　⑥ 茶馆
　　⑦ 最好　⑧ 一台电视　⑨ 节日　⑩ 英语

五、综合练习 Comprehensive Exercises　Общие упражнения

1. ① 口　② 父　③ 八　④ 人　⑤ 田　⑥ 日　⑦ 夕　⑧ 艹
2. ① 会：开会 一会儿　　② 男：男人 男生
　　③ 名：姓名 名字　　　④ 台：一台电视 一台冰箱

253

⑤花：开花 花店　　　　　　　　　　⑥药：中药 西药

3. ①请你自我介绍一下儿。　　　　　②你爷爷今年多大岁数?
　　③全班同学学习都很刻苦。　　　　④学校食堂的菜很便宜，但是不太好吃。
　　⑤他告诉我们在日本公司工作非常辛苦。

4. ①口：台告员只*古号另　　　　　　②父：爸爸
　　③八：分公*黄　　　　　　　　　　④人：介今会全舍食*合拿
　　⑤田：男累*界思　　　　　　　　　⑥日：星是最*早易春
　　⑦夕：名多岁　　　　　　　　　　⑧艹：草花茶药菜节英苦*艺劳落

第十一课

三、书写练习 Writing Practice　Упражнения на написание иероглифов

1. ①家 ②写 ③市 ④答 ⑤穿 ⑥各 ⑦票 ⑧寄 ⑨它 ⑩笔
2. ①京/方（边）　　　②宿　　　　　　③字
　　④客　　　　　　　⑤宜/方　　　　　⑥容
3. ①一定　　　②空气　　　③写字　　　④教室　　　⑤说完了
　　⑥冬天　　　⑦一条路　　⑧第一　　　⑨服务　　　⑩开玩笑

五、综合练习 Comprehensive Exercises　Общие упражнения

1. ①宀 ②穴 ③竹 ④覀 ⑤冖 ⑥亠 ⑦夂
2. ①安：安全 平安　　　　　　　　　②市：城市 市场
　　③条：一条路 条件　　　　　　　　④家：家人 大家
　　⑤票：门票 车票（一张票）　　　　⑥写：写作业 写汉字（写信）
　　⑦寄：寄信 寄包裹（寄东西、寄书）　⑧穿：穿衣服 穿袜子（穿裙子、穿裤子）
3. ①听说你要回国了，祝你一路平安。　②他爸爸是公务员。
　　③你会用毛笔写汉字吗?　　　　　　④今天学习的内容很容易，大家都听懂了。
　　⑤你看，这儿写着"高高兴兴上班去，平平安安回家来"。
4. ①亠：京市高*交　　　　　②覀：要票
　　③冖：写　　　　　　　　④宀：安字它完定家室官宿客容宜寄*灾宝赛
　　⑤穴：空穿*窗　　　　　　⑥竹：笔笑答第*等
　　⑦夂：冬各条务备

第十二课

三、书写练习 Writing Practice　Упражнения на написание иероглифов

1. ①感 ②您 ③掌 ④雪 ⑤帮 ⑥零 ⑦省 ⑧热 ⑨学 ⑩老
2. ①午：昨作怎　　②自：咱息　　③巴：吧把爸　　④匕：它老
　　⑤工：红江空　　⑥且：姐宜　　⑦见：现觉　　　⑧田：男备思累
　　⑨女：妈好姐姓奶如她安要　　⑩令：冷零
　　⑪日：时明晚昨阳者星是最早间　　⑫卩：爷节

3.　①看见　　　②点菜　　　③经常　　　④食堂　　　⑤忘了
　　⑥想家　　　⑦需要　　　⑧有意思　　⑨带钱　　　⑩下雪

五、综合练习　Comprehensive Exercises　Общие упражнения

1.　①艹　②耂　③心　④巾　⑤⺍　⑥灬　⑦目　⑧⻗

2.　①（ⓐ作）者　　②（ⓑ感）谢　　③（ⓑ考）试　　④护（ⓐ照）　　⑤（ⓐ着）急
　　⑥（ⓑ帮）忙　　⑦（ⓑ觉）得　　⑧鼓（ⓑ掌）　　⑨（ⓐ怎）么

3.　①他不愿意一个人去食堂吃饭。
　　②你来看我，今天午饭当然我请客。
　　③我很想知道那本书的作者是谁。
　　④刚来中国的时候她非常想家。
　　⑤我们从星期一到星期五上课，星期六和星期日休息。

4.　①耂：老者考　　　　　　　　②⻗：雪需零
　　③⺍：学觉　　　　　　　　　④艹：常堂掌
　　⑤灬：点热照然 *熟　　　　　⑥心：您息怎忘想意思急感愿 *志总
　　⑦目：看着省　　　　　　　　⑧巾：带帮 *常

第十三课

三、书写练习　Writing Practice　Упражнения на написание иероглифов

1.　①病　②原　③康　④疼　⑤层　⑥历　⑦麻　⑧厦　⑨座　⑩应　⑪府

2.　①ⓓ宿　②ⓒ想　③ⓐ度　④ⓑ再　⑤ⓐ有　⑥ⓑ房

3.　①朋友　　　②十二层　　　③右手　　　④座位　　　⑤一张床
　　⑥存钱　　　⑦庆祝　　　　⑧公安局　　⑨政府　　　⑩家庭

五、综合练习　Comprehensive Exercises　Общие упражнения

1.　①广　②厂　③户　④犷　⑤疒　⑥厃　⑦尸

2.　①古：苦居　　　②子：好学字存　　　③工：红江左空　　④丁：打灯厅
　　⑤至：到室屋　　⑥巾：帮带常布席　　⑦方：放房　　　　⑧土：肚堂在
　　⑨由：邮庙

3.　①他在大学学习中国历史。
　　②现在有很多外国人居住在北京。
　　③我在饭店的大厅等你。
　　④今天最高气温度多少度？
　　⑤这个城市新建了很多高楼大厦。

第十四课

三、书写练习 Writing Practice　Упражнения на написание иероглифов

1. A:万小年雨飞　B:次场极都钱　C:选店超建病　D:各笑老花要
2. 赶边远运匙汁（汗）句历厅完（宁）它什（仿）打把（扣）（启）房忘
3. ①这里　　　②走过来　　　③还是　　　④通知　　　⑤很近
   ⑥球迷　　　⑦送给朋友　　⑧道路　　　⑨越来越远　⑩有趣极了

五、综合练习　Comprehensive Exercises　Общие упражнения

1. ①勹　②是　③走　④辶　⑤廴
2. ①退　②迎　③包　④适　⑤起　⑥通
3. ①太远了，咱们还是打车去吧。
   ②这里离地铁站很近，交通非常方便。
   ③在那家超市你可以买到各种各样的东西。
   ④秋天来了，天气越来越冷。
   ⑤刚来中国的时候，他连一句汉语也不会说。
4. ①辶：这边还过进近远运送迎适通道迷遍退连选
   ②是：题匙　　　　　　　　　③勹：包句
   ④廴：建　　　　　　　　　　⑤走：起越赶趣超

第十五课

三、书写练习 Writing Practice　Упражнения на написание иероглифов

1. A:房有闻包网　B:东来本手马　C:感累需热食　D:往练数院秋
2. 阅（闪）左医（囚）园因图庆空认说（疾）疼层远（达）运
3. ①牛肉　②问题　③时间　④热闹　⑤中国　⑥回家　⑦原因　⑧食品

五、综合练习　Comprehensive Exercises　Общие упражнения

1. ①匚　②凵　③囗　④门　⑤門
2. A：①网吧　②内科　③市区　④坐车　⑤新闻
   B：①地区　②巨大　③画家　④困难　⑤森林
3. ①他学了两年汉语，现在可以阅读中文报纸了。
   ②他昨天晚上睡得很晚，今天上课觉得很困。
   ③对不起，我没有上海地图，你上网找一下儿吧。
   ④她喜欢住在市区，因为交通很方便。
   ⑤我们大学的校园里有很多树和各种各样的花。
4. ①匚：区医巨　　　　　　　　②凵：画
   ③门：同网内肉　　　　　　　④门：问间闻阅闹
   ⑤囗：国园回因图困

郑 重 声 明

　　高等教育出版社依法对本书享有专有出版权。任何未经许可的复制、销售行为均违反《中华人民共和国著作权法》，其行为人将承担相应的民事责任和行政责任，构成犯罪的，将被依法追究刑事责任。为了维护市场秩序，保护读者的合法权益，避免读者误用盗版书造成不良后果，我社将配合行政执法部门和司法机关对违法犯罪的单位和个人给予严厉打击。社会各界人士如发现上述侵权行为，希望及时举报，本社将奖励举报有功人员。

反盗版举报电话： (010) 58581897/58581896/58581879

反盗版举报传真： (010) 82086060

E - m a i l： dd@hep.com.cn

通信地址： 北京市西城区德外大街4号

　　　　　　　高等教育出版社打击盗版办公室

邮　　编： 100120

购书请拨打电话： (010)58581118